# SCRIPTORES AETHIOPICI

SERIES PRIMA — TOMUS XXXI

PHILOSOPHI ABESSINI

CORPUS

SCRIPTORUM CHRISTIANORUM ORIENTALIUM

CURANTIBUS

J.-B. CHABOT, I. GUIDI

H. HYVERNAT, B. CARRA DE VAUX

# SCRIPTORES AETHIOPICI

TEXTUS

SERIES PRIMA — TOMUS XXXI

## PHILOSOPHI ABESSINI

EDIDIT ENNO LITTMANN

PARISIIS

E TYPOGRAPHEO REIPUBLICAE

CAROLUS POUSSIELGUE, BIBLIOPOLA

15, RUE CASSETTE, 15

LIPSIAE : OTTO HARRASSOWITZ

MDCCCCIV

# PHILOSOPHI ABESSINI

SIVE

# VITA ET PHILOSOPHIA MAGISTRI ZARʾA-YĀʿQŌB

# EIUSQUE DISCIPULI WALDA-ḤEYWAT PHILOSOPHIA

## EDIDIT ENNO LITTMANN.

---

Duos libellos quos publici iuris facere iam pridem mihi proposui, si brevem viri clarissimi Antoine d'Abbadie descriptionem legeris (*Catalogue raisonné de ms. éthiopiens,* p. 212), cognosces a reliquis Abessinorum libris funditus diversos esse : dum maior pars litterarum Aethiopicarum e peregrinis linguis versa est, hi duo libri ab Abessinis scripti ipsorum indole imbuti sunt, atque hanc ob rem studium nostrum excitatur. Tamen, ut ita dicam, hi flores ex Aethiopico solo crescere non potuerunt, nisi externo rore essent irrigati. Neque enim dubium est quin Zarʾa-Yāʿqōb et Walda-Ḥeywat quodam modo peregrinis opinionibus recti fuerint; iam lingua qua scripserunt, etsi genuina Aethiopica est, nonnullis locis linguam Arabicam quasi redolet. Nihilominus omnia, quae nobis dicunt duo illi viri, nativo colore affecta multaque ab ipsis excogitata sunt.

Dum igitur inscriptionem huius voluminis legis, noli neglegere nomen adiectivum quo hi philosophi appellantur «Abessini». Ne exspectes te systemata philosophica esse reperturum : sed philosophos agunt illi quia de summis huius mundi rebus meditati suo modo philosophiam metaphysicam et moralem instituerunt. Etsi pauca ab iis dicta nobis propemodum inania videntur, tamen ambo veritatis et verum indagandi studio tenebantur; quamquam Zarʾa-Yāʿqōb se Christianum esse negat, et discipulus eius sine dubio magistrum secutus est, tamen plurimas cogitationes suas morales et metaphysicas e religione Christiana hausorunt, imo ipsis fere sententiis Scripturarum ad eas proferendas haud raro usi sunt. Zarʾa-Yaʿqōb magister omnia originali ratione tractat : discipulum eius Walda-Ḥeywat epigonum esse neminem fugiet, quia fusius de rebus disserit atque multa praecepta moralia tradit.

De nostris philosophis breviter tractavit cl. vir B. Touraïeff (Абиссинскіе свободные мыслители XVII вѣка. Petropoli, 1903).

Textus huius operis duobus codicibus Abbadianis exhibetur (n^is 215 et 234); sed cum alter de altero transcriptus sit, nonnisi codicem principalem (n^um 215) adhibui. Orthographiam qua scriba usus est, retinui: itaque omnibus fere locis ኧ pro ኣ, ሗ pro ሓ, etc. invenies. Neque reliquas litterarum permutationes ullo modo corrigendas mihi esse putavi praeter verba ኢቤ et ኢብል quae mirum in modum saepenumero ዐቤ et ዐብል scripta sunt. Itemque formas ይቀርብ et ይኅብር, quae promiscue scriptae sunt pro ይቀረብ et ይኀበር, suo quoque loco servavi et raro nota talem scriptionem monui. Litterae ሰ et ሠ, nonnumquam etiam ው et ዉ ut in ceteris codicibus recentioribus ita hic quoque tantopere inter se similes sunt ut vix distinguantur; spero tamen me in legendis his litteris non multum errasse. Interpunctionem autem saepius mutavi; nam quod ad eam attinet, libri recentioris aetatis adeo non sibi constant ut sensus permultis locis valde perturbetur. Non nullis quoque locis ። sive ፡ addidi post numerorum notas ad divisionem clariorem faciendam. Voces in marginibus et supra lineam additas aut a me ipso emendatas semper notis monui, singulas autem litteras prima manu supra lineam adscriptas haud cunctanter in textum recepi. Litteras vocesve quae in textu non reperiuntur quaeque sine dubitatione supplendae sunt, signis [ ] inclusas addidi: voces litterasve quae ob locorum sensum delendae sunt signis ( ) inclusi.

ENNO LITTMANN.

Dabam Oldenburgi, mense Augusto, anno p. Chr. n. MDCCCCIV.

## ሐተታ ፡ ዘርአ ፡ ያዕቆብ[1] ።

[ክፍል ፡ ፩ ።] በስመ ፡ እግዚአብሔር ፡ ጻድቅ ፡ ባሕቲቱ ፡ እጽሕፍ ፡ ገድለ ፡ ዘርአ ፡ ያዕቆብ ፡ ምስለ ፡ ጥበቡ ፡ ወኅተታሁ ፡ ዘደረሰ ፡ ለሊሁ ፡ እንዘ ፡ ይብል ፡ ነዑ ፡ ስምዑኒ ፡ እንግርክሙ ፡ ኵልክሙ ፡ እለ ፡ ትፈርህዎ ፡ ለእግዚአብሔር ፡ መጠነ ፡ ገብረ ፡ ላቲ ፡ ለነፍስየ ፡ እስመ ፡ ናሁ ፡ ወጠንኩ ። በስመ ፡ እግዚአብሔር ፡ ፈጣሬ ፡ ኵሉ ፡ ቀዳማዊ ፡ ወደኃራዊ ፡ አኃዜ ፡ ኵሉ ፡ ነቅዓ ፡ ኵሉ ፡ ሕይወት ፡ ወኵሉ ፡ ጥበብ ፡ እጽሕፍ ፡ ንስቲተ ፡ እምኵሉ ፡ ዘበጽሐ ፡ ሊተ ፡ በኍኃ ፡ ዓመታተ ፡ ሕይወትየ ። ወበእግዚአብሔር ፡ ትክበር ፡ ነፍስየ ፡ ይስምዑ ፡ የዋሃን ፡ ወይትፈሥሑ ። እስመ ፡ አነ ፡ ኃሠሥክዎ ፡ ለእግዚአብሔር ፡ ወተሰጥወኒ ፤ ወይእዜኒ ፡ አንትሙኒ ፡ ቅረቡ ፡ ኀቤሁ ፡ ወያበርህ ፡ ለክሙ ፡ ወኢይትኃፈር ፡ ገጽክሙ ። አዕብይዎ ፡ ለእግዚአብሔር ፡ ምስሌየ ፤ ወናልዕል ፡ ስሞ ፡ ኅቡረ ። ወጥንተ ፡ ሙላድየሰ ፡ እምካህናቲሃ ፡ ለአክሱም ። ወባሕቱ ፡ አነ ፡ ተወለድኩ ፡ እም፩ነዳይ ፡ መስተገብር ፡ ውስተ ፡ አድያመ ፡ አክሱም ፡ አመ ፡ ፳ወ፭ለነሐሴ ፡ በ፫ዓመተ ፡ መንግሥቱ ፡ ለያዕቆብ ፡ በ፲፻ወ፭፻ወ፺ወ፪እምልደተ ፡ ክር*ስቶስ ፡ ወበጥምቀተ ፡ ክርስትና ፡ ተሰመይኩ[2] ፡ ዘርአ ፡ ያዕቆብ ፡ ወሰብእሰ ፡ ይቤሉኒ ፡ ወርቄ ። ወእምድኅረ ፡ ልህቁ ፡ አቡየ ፡ ፈነወኒ ፡ ኀበ ፡ ቤተ ፡ ትምህርት ፡ ከመ ፡ እትመሀር ፡ ወእምድኅረ ፡ አንበብኩ ፡ መዝሙረ ፡ ዳዊት ፡ መምህርየ ፡ ይቤሎ ፡ ለአቡየ ፡ ዝንቱ ፡ ሕፃን ፡ ወልድከ ፡ ብሩህ ፡ ልቡና ፡ ውእቱ ፡ ወተዓጋሢ ፡ በትምህርት ፡ ወለእመ ፡ ፈነውከ ፡ ኀበ ፡ ቤተ ፡ ትምህርት ፡ ይከውን ፡ ሊቀ ፡ ወመምህረ ። ወአቡየ ፡ ሰሚዖ ፡ ዘንተ ፡ ፈነወኒ ፡ ከመ ፡ እትመሀር ፡ ዜማ ። ወባሕቱ ፡ ድምፅየ ፡ ኢይሤኒ ፡ ወጕርዔየ ፡ ስሑክ ፡ ውእቱ ፡ ወበእንተዝ ፡ ክንክ[ዎ]ሙ ፡ ሰሐቀ ፡ ወሥላቀ ፡ ለአብያጽየ ፡ ወነበርኩ ፡ ህየ ፡ ፫አውራኀ ፡ ወእምዝ ፡ ተንሢእኩ ፡ በኀዘነ ፡ ልብየ ፡ ወሖርኩ ፡ ኀበ ፡ ካልእ ፡ መምህር ፡ ዘይሜህር ፡ ቅኔ ፡ ወሰዋስወ ፡ ወእግዚአብሔር ፡ ጸገወኒ ፡ ጥበበ ፡ ከመ ፡ እትመሐር ፡ ፍጡነ ፡ እምአብያጽየ ፡ ወዝንቱ ፡ አስተፍሥሐኒ ፡ ህየንተ ፡ ዘአኅዘነኒ ፡ ቅድመ ፡ ወነበርኩ ፡ ህየ ፡ ፬ዓመተ ፡ ወበእማንቱ ፡ መዋዕል ፡ እግዚአብሔር ፡ አውጽአኒ ፡ እምዓይነ ፡ ሞት ። እስመ ፡ እንዘ ፡ እትዋነይ ፡ ምስለ ፡ አብያጽየ ፡ ወደቁ[3] ፡ ውስተ ፡ ጸድፍ ፡ ወ*ኢያእመርኩ ፡

Ms. d'Abb. n° 215, fol. 1 r°. — * 1 v°. — * 2 r°.

[1] Inscriptionem addidi. — [2] Ms. ተሰየምኩ ፡ — [3] Vox add. supra lineam.

ከመ ፡ በምንት ፡ ድኅንኩ ፡ እንበለ ፡ ዘአድኃነኒ ፡ እግዚአብሔር ፡ በመንክር ፡ ወእምድኅረ ፡ ድኅንኩ ፡ ሰፈርክዎ ፡ ለውእቱ ፡ ጸድፍ ፡ በሀብል ፡ ነዊኅ ፡ ወተረክበ ፡ ፳ወ፫በእመት ፡ ወ፩ስዝር ፡ ወአንሰ ፡ ተንሣእኩ ፡ ሕያወ ፡ ወሖርኩ ፡ ቤተ ፡ መምህርየ ፡ እንዘ ፡ እሴብሖ ፡ ለእግዚአብሔር ፡ ዘአድኃነኒ ። ወእምዝ ፡ ተንሣእኩ ፡ ወሖርኩ ፡ ከመ ፡ እትመሀር ፡ ትርጓሜ ፡ መጻሕፍት ፡ ቅዱሳን ። ወነበርኩ ፡ በዛቲ ፡ ትምህርት ፡ ፲ዓመተ ፡ ወተምህርኩ ፡ መጻሕፍተ ፡ በከመ ፡ ይተረጕምዎሙ ፡ ፍራንጅ ፡ ወዓዲ ፡ በከመ ፡ ይተረጕምዎሙ ፡ መምህራነ ፡ ብሔርነ ። ወትርጓሜሆሙሰ ፡ ብዙኃ ፡ ጊዜ ፡ ኢተሰነዓወ ፡ ምስለ ፡ ልቡናየ ። ወባሕቱ ፡ አርመምኩ ፡ ወኅባእኩ ፡ ኵሎ ፡ ሕሊናየ ፡ ውስተ ፡ ልብየ ። ወእምዝ ፡ ተመየጥኩ ፡ ወነበርኩ ፡ ውስተ ፡ ብሔርየ ፡ ዘአክሱም ። ወወጠንኩ ፡ እምሀር ፡ መጻሕፍተ ፡ ፱ዓመተ ። ወዝንቱሰ ፡ ዘመን ፡ ኮነ ፡ ዘመነ ፡ እኩየ ፡ እስመ ፡ በ፲ወ፱ዓመተ ፡ መንግሥቱ ፡ ለሱስንዮስ ፡ መጽአ ፡ አቡነ ፡ አፎንስ ፡ እምነገደ ፡ ፍራንጅ ፡ ወድኅረ ፡ ፪ዓመት ፡ ኮነ ፡ ዓቢይ ፡ ስደ [*2 v°.] ት ፡ ውስተ ፡ ኵሉ ፡ ብሔረ ፡ ኢትዮ*ጵያ ፡ እስመ ፡ ሠምረ ፡ ንጉሥ ፡ በሃይማኖተ ፡ ፍራንጅ ። ወበእንተዝ ፡ ኮነ ፡ ይሰድዶሙ ፡ ለኵሎሙ ፡ እለ ፡ ኢተወከፉ ፡ ዘንተ ፡ ሃይማኖተ ።

**ክፍል : ፪** ። ወአንሰ ፡ እንዘ ፡ ሀሎኩ ፡ ውስተ ፡ ብሔርየ ፡ ወእሜሀር ፡ መጻሕፍተ ፡ ብዙኃን ፡ እምአብያጽየ ፡ ጸልዑኒ ። እስመ ፡ ጠፍአ ፡ በዝንቱ ፡ ዘመን ፡ ፍቅረ ፡ ቢጽ ፡ ወአኀዘሙ ፡ ቅንዓት ። እስመ ፡ አዓቢ ፡ እምኔሆሙ ፡ በትምህርት ፡ ወበፍቅረ ፡ ቢጽ ፡ ወእሰነዓው ፡ ምስለ ፡ ኵሉ ፡ ሰብእ ፡ ምስለ ፡ ፍራንጅ ፡ ወምስለ ፡ ግብጻውያን ። ወእንዘ ፡ እሜሀር ፡ ወእተረጕም ፡ መጻሕፍተ ፡ እብል ፡ ከመዝ ፡ ወከመዝ ፡ ይቤሉ ፡ ፍራንጅ ። ወከመዝ ፡ ወከመዝ ፡ ይቤሉ ፡ ግብጻውያን ። ወኢይብል ፡ ዝንቱ ፡ ሠናይ ፡ ወዝንቱ ፡ እኩይ ፡ አላ ፡ እብል ፡ ዝኵሉ ፡ ይሤኒ ፡ ለእመ ፡ ንሤኒ ፡ ንሕነ ። ወበእንተዝ ፡ ጸልዑኒ ፡ ኵሎሙ ። እስመ ፡ ለግብጻውያን ፡ እመስሎሙ ፡ ፍራንጅ ፡ ወለፍራንጅኒ ፡ እመስሎሙ ፡ ግብጻዊ ። ወአስተዋደዩኒ ፡ ብዙኃ ፡ ጊዜ ፡ ኀበ ፡ ንጉሥ ፡ ወእግዚአብሔር ፡ አድኃነኒ ። ወእምዝ ፡ ሖረ ፡ ፩ፀርየ ፡ እምካህናቲሃ ፡ ለአክሱም ፡ ዘስ [*3 r°.] ሙ ፡ ወልደ ፡ ዮሐንስ ፡ ወፍቁሩ ፡ ለንጉሥ ፡ ውእቱ ፡ እስመ ፡ *በልሳነ ፡ ጽልሑት ፡ ይትረከብ ፡ ፍቅረ ፡ ነገሥት ። ወዝኩ ፡ ጸልሐዊ ፡ በዊአ ፡ ኀበ ፡ ንጉሥ ፡ ይቤሎ ፡ በእንቲአየ ፡ በአማን ፡ ዝንቱ ፡ ብእሲ ፡ ያስሕቶሙ ፡ ለሕዝብ ፡ ወይቤሎሙ ፡ ይደልወነ ፡ ንትነሣእ ፡ በእንተ ፡ ሃይማኖትነ ፡ ⌜ወንቅትሎ ፡ ለንጉሥ[1] ፡ ወንስድዶሙ ፡ ለፍራንጅ ፡ ወበዘይመስሎ ፡ ለዝ

[1] Voces in margine scriptae.

ንቱ ፡ አስተዋደየኒ ፡ ብዙኃ ፡ ወአንሰ ፡ አእመርኩ ፡ ዘንተ ፡ በጊዜ ፡ ወፈራህኩ ፡ ወነሣእኩ ፡ ፫አውቅያተ ፡ ወርቅ ፡ ዘብየ ፡ ወመጽሐፈ ፡ ወመዝሙረ ፡ ዳዊት ፡ በዘእዴሊ ፡ ወጕየይኩ ፡ ሌሊተ ፡ ወኢከሠትኩ ፡ ወኢለመኑሂ ፡ ኀበ ፡ አይቴ ፡ አሐውር ። ወበእኩ ፡ ገዳመ ፡ መንገለ ፡ ፈለገ ፡ ተከዚ ፡ ወበሣኒታ ፡ አኅዘኒ ፡ ረኃብ ፡ ወወጻእኩ ፡ በፍርሀት ፡ ወሖርኩ ፡ ከመ ፡ እስአል ፡ ኅብስተ ፡ እምአብዕልተ ፡ ሀገር ፡ ወወሀቡኒ ፡ ወበላዕኩ ፡ ወሖርኩ ፡ እንዘ ፡ እጐይይ ። ወከመዝ ፡ ብዙኃ ፡ መዋዕለ ፡ ገበርኩ ። ወእንዘ ፡ አሐውር ፡ መንገለ ፡ ሸዋ ፡ ረከብኩ ፡ ገዳመ ፡ ኀበ ፡ አልቦ ፡ ሰብእ ። ወታሕተ ፡ ዓቢይ ፡ ጸድፍ ፡ ሠናይ ፡ ግብ ፡ ሀሎ ፡ ወእቤ ፡ እነብር ፡ ዝየ ፡ በዘኢየአምሩኒ ፡ ሰብእ ። ወነበርኩ ፡ ሀየ ፡ ፪ዓመተ ፡ እስከ ፡ ሞቱ ፡ ለሱስንዮስ ። ወ፩፩ጊዜ ፡ እወ*ጽእ ፡ ወአሐውር ፡ *3 v°. ኀበ ፡ ምሥያጥ ፡ አው ፡ ኀበ ፡ ፩እምበሐውርተ ፡ አምሐራ ፡ ወእመስሎሙ ፡ ለሰብአ ፡ አምሐራ ፡ መነኮሰ ፡ ባሕታዌ ፡ ዘይስእል ፡ ምጽዋተ ፡ ወይሁቡኒ ፡ ዘእበልዕ ። ወባሕቱ ፡ ሰብእ ፡ ኢያእመሩ ፡ ኀበ ፡ አይቴ ፡ እገብዕ ፡ ወሶበ ፡ ኮንኩ ፡ ለባሕቲትየ ፡ ውስተ ፡ ግብየ ፡ መሰለኒ ፡ ዘእነብር ፡ ውስተ ፡ መንግሥተ ፡ ሰማያት ። እስመ ፡ ጸላእኩ ፡ ነቢረ ፡ ምስለ ፡ ሰብእ ፡ አእሚርየ ፡ እከዮሙ ፡ ዘአልቦ ፡ ኍልቍ ፡ ወአሠነይኩ ፡ ግብየ ፡ በሐፁረ ፡ አዕባን ፡ ወአሥዋክ ፡ ዘይከልዖሙ ፡ ለአራዊተ ፡ ገዳም ፡ ከመ ፡ ኢይብልዑኒ ፡ ሌሊተ ፡ ወገበርኩ ፡ ሙጻአ ፡ ከመ ፡ እምሥጥ ፡ ለእመ ፡ ይመጽኡ ፡ ኀቤየ ፡ ሰብእ ፡ እለ ፡ የኀሥሡኒ ፡ ወነበርኩ ፡ ሀየ ፡ በሰላም ፡ ወጸለይኩ ፡ በኵሉ ፡ ልብየ ፡ በመዝሙረ ፡ ዳዊት ፡ ወተሰፈውኩ ፡ በእግዚአብሔር ፡ ዘይሰምዓኒ ።

**ክፍል ፡ ፫** ። ወእስመ ፡ ኮንኩ ፡ ዘአልብየ ፡ ተግባር ፡ እምድኅ[ረ] ፡ ጸሎት ፡ ነበርኩ ፡ ወሐለይኩ ፡ ኵሎ ፡ ዓሚረ ፡ በእንተ ፡ ሐከከ ፡ ሰብእ ፡ ወበእንተ ፡ እከዮሙ ። ወበእንተ ፡ ጥበበ ፡ እግዚአብሔር ፡ ፈጣሪሆሙ ፡ ዘያረምም ፡ ሶበ ፡ ሰብእ ፡ ይዔምፁ ፡ በስመ ፡ ዚአሁ ፡ ወይሰድድዎሙ ፡ ለአብ*ያጺሆሙ ፡ ወይቀትልዎሙ ፡ ለአኃዊሆሙ ፡ እስመ ፡ በዝ ፡ መዋ *4 r°. ዕል ፡ ኃየሉ ፡ ፍራንጅ ። ወባሕቱ ፡ አከ ፡ ፍራንጅ ፡ ባሕቲቶሙ ፡ ወሰብአ ፡ ብሔርነ ፡ የአክዩ ፡ እምኔሆሙ ፡ ወእለ ፡ ተወከፉ ፡ ሃይማኖተ ፡ ፍራንጅ ፡ ይቤሉ ፡ ግብጻውያንሰ ፡ ክህዱ ፡ ሃይማኖተ ፡ ርትዕተ ፡ ዘመንበረ ፡ ጴጥሮስ ፡ ወአጽራረ ፡ እግዚአብሔር ፡ እሙንቱ ። ወበእንተዝ ፡ ይሰድድዎሙ ፡ ወከማሁ ፡ ግብጻውያን ፡ ይገብሩ ፡ በእንተ ፡ ሃይማኖቶሙ ። ወሐለይኩ ፡ ወእቤ ፡ ለእመ ፡ እግዚአብሔር ፡ ዓቃቢሆሙ ፡ ውእቱ ፡ ለሰብእ ፡ እፎ ፡ ከመዝ ፡ ተኃጕለ ፡ ፍጥረቶሙ ፡ ወእቤ ፡ እፎ ፡ የአምር ፡ እግዚአብሔር ፡ ወበኑ ፡ ዘየአምር ፡ በአርያም ። ወእመበ ፡ ዘየአምር ፡ እፎ ፡ ያረምም ፡ ላዕለ ፡ እከዮሙ ፡ ለሰብእ ፡ ሶበ ፡ ያረኵሱ ፡

አው ፡ ሐሰተ ። ወአንሰ ፡ እቤ ፡ ደለወኒ ፡ እግዚኦ ፡ ዘአሕመምከኒ ። ከመ ፡
አእምር ፡ ኵነኔከ ። ገሠጽኒ ፡ አንተ ፡ በጽ[ድ]ቅ ፡ ወተዛለፈኒ ፡ በምሕረት ።
ወቅብዓ ፡ ኃጥአንሰ ፡ ወሐሳውያን ፡ መምህራን ፡ ኢይትቀባዕ ፡ ርእስየ ፡
አለብወኒ ፡ አንተ ፡ እስመ ፡ ፈጠርከኒ ፡ ለባዌ ። ወሐለይኩ ፡ ወእቤ ፡
ለእመ ፡ ለባዊ ፡ አነ ፡ ምንተ ፡ እሌቡ ። ወእቤ ፡ እሌቡ ፡ ከመበ ፡
ፈጣሪ ፡ ዘየዓቢ ፡ እምኵሉ ፡ ፍጥረት ፡ እስመ ፡ እምተረፈ ፡ ዕበዩ ፡
ፈጠረ ፡ ዓቢያተ ፡ ወለባዊ ፡ ውእቱ ፡ ዘኵሎ ፡ ይሌቡ ። እስመ ፡ እም
ተረፈ ፡ ልቡናሁ ፡ ፈጠረነ ፡ ለባውያነ[1] ፡ ወይደልወነ ፡ ንስግድ ፡ ሎቱ ፡
እስመ ፡ እግዚእ ፡ ኵሉ ፡ ውእቱ ፡ ወአመ ፡ ንጼሊ ፡ ኀቤሁ ፡ ይሰም
*7 r°. ዓነ ፡ እስመ ፡ አኃዜ ፡ ኵሉ ፡ ውእቱ ። ወሐለይኩ ፡ ወእቤ ፡ *እመ
ሰ ፡ እግዚአብሔር ፡ ፈጠረኒ ፡ ለባዌ ፡ አከ ፡ በከንቱ ፡ ዘከመዝ ፡ ፈጠ
ረኒ ፡ ዳዕሙ ፡ ከመ ፡ እኅሥሦ ፡ ወእለቡ ፡ ኪያሁ ፡ ወጥበቢሁ ፡ በፍና ፡
እንተ ፡ ፈጠረኒ ፡ ወእሰብሖ ፡ እስከ ፡ አመ ፡ ሀሎኩ ። ወሐለይኩ ፡ ወእ
ቤ ፡ በይነ ፡ ምንት ፡ ኵሉ ፡ ሰብእ ፡ ኢይሌብዉ ፡ ጽድቀ ፡ እንበለ ፡ ሐሰ
ት ፡ ወመሰለኒ ፡ እስመ ፡ ፍጥረተ ፡ ሰብእ ፡ ድክምት ፡ ወሀካይት ፡ ይእ
ቲ ። ወሰብእሰ ፡ ይሠምር ፡ በጽድቅ ፡ ወጥቀ ፡ ያፈቅራ ፡ ወይፈቅድ ፡
ያእምር ፡ ኅቡአተ ፡ ፍጥረት ፡ ወባሕቱ ፡ ዕፁብ ፡ ውእቱ ፡ ዝንቱ ፡ ነገ
ር ፡ ወኢይትረከብ ፡ እንበለ ፡ በዓቢይ ፡ ፃማ ፡ ወትዕግሥት ፡ በከመ ፡
ይቤ ፡ ሰሎሞን ፡ ወሀብኩ ፡ ልብየ ፡ ለኃሢሥ ፡ ወለፈቲን ፡ በጥበብ ፡ በእ
ንተ ፡ ኵሉ ፡ ዘተገብረ ፡ እምታሕተ ፡ ፀሐይ ፡ እስመ ፡ ሥራኃ ፡ እኩየ ፡
ወሀበሙ ፡ እግዚአብሔር ፡ ለውሉደ ፡ ሰብእ ፡ ከመ ፡ ይሥርሑ ፡ ቦቱ ፡
ወበእንተዝ ፡ ሰብእ ፡ ኢይፈቅዱ ፡ ይሕትቱ ፡ ወያበድሩ ፡ ይእመኑ ፡
በዘሰምዑ ፡ እምአበዊሆሙ ፡ እንበለ ፡ ሐተታ ። ወዓዲ ፡ እግዚአብሔር ፡
ፈጠሮ ፡ ለሰብእ ፡ በዓለ ፡ ምግባሩ ፡ ከመ ፡ ይኩን ፡ በከመ ፡ ፈቀደ ። እ
7 v°. መሂ ፡ ሠናየ ፡ ወእመሂ ፡ እኩየ ። ወለእመ ፡ ሰብእ ፡ የኃሪ ፡ ይ*ኩን ፡
እኩየ ፡ ወሐሳዌ ፡ ይትከሐሎ ፡ እስከ ፡ ይረክበ ፡ ኵነኔ ፡ ዘይደልዎ ፡ ለእ
ከዩ ። ወዓዲ ፡ ሰብእ ፡ ይሠምር ፡ በዘይጌይስ ፡ ለሥጋሁ ፡ እስመ ፡ ሥጋ
ዊ ፡ ውእቱ ። ወየኃሥሥ ፡ መፍቅዳተ ፡ ሥጋሁ ፡ በኵሉ ፡ ፍና ፡ በዘይ
ረክበን ፡ እመሂ ፡ ሠናይ ፡ ወእመሂ ፡ እኩይ ። ወአከ ፡ እግዚአብሔር ፡
ዘፈጠሮ ፡ ለሰብእ ፡ እኩየ ፡ እንበለ ፡ ዘወሀበ ፡ ኅርየተ ፡ ለከዊን ፡ በከመ ፡
ይፈቅድ ። ወበዝንቱ ፡ ኅርየት ፡ ይኩን ፡ ድልወ ፡ ለዕሤት ፡ ለእመ ፡
ኮነ ፡ ሠናየ ፡ አው ፡ ለኵነኔ ፡ ለእመ ፡ ኮነ ፡ እኩየ ። ወሐሳዊ ፡ ብእ
ሲሰ ፡ ዘየኃሥሥ ፡ ንዋየ ፡ አው ፡ ክብረ ፡ በኀበ ፡ ሕዝብ ፡ ለእመ ፡ ይረ
ክብ ፡ ዘንተ ፡ በፍና ፡ ሐሰት ፡ ይትናገር ፡ ሐሰተ ፡ እንዘ ፡ ያስተማስሎ ፡

[1] Vox secunda manu addita supra lineam; sed ል pro ለ exstat.

ጽድቀ ። ወለሕዝብ ፡ እለ ፡ ኢይፈቅዱ ፡ ይኅትቱ ፡ ይመስሎሙ ፡ ጽድቀ ፡ ወየአምኑ ፡ ቦቱ ፡ በጽኑዕ ፡ ሃይማኖት ። እስኩ ፡ በእስፍንቱ ፡ ሐሰት ፡ የአምኑ ፡ ሕዝብነ ፡ ወየአምኑ ፡ በጽኑዕ ፡ ሃይማኖት ፡ በሐሳበ ፡ ከዋክብት ፡ ወበካልእን ፡ ሐሳባት ። ወበድጋመ ፡ አስማት ፡ ኅቡአት ፡ ወበፋላት ፡ ወበስሒበ ፡ አጋንንት ፡ ወበኵሉ ፡ ርቅየት ፡ ወበኵሉ ፡ ነገረ ፡ ጠንቋልያን ። ወኢየአምኑ ፡ በዝንቱ ፡ ኵሉ ፡ እ*ስመ [*8 r°.] ፡ ኀቲቶሙ ፡ ረከቡ ፡ ጽድቀ ፡ ዳዕሙ ፡ የአምኑ ፡ እስመ ፡ ሰምዕዎ ፡ እምቀደምቶሙ ፡ ወእሙንቱሂ ፡ ቀደምት ፡ በይነ ፡ ምንት ፡ ሐሰዉ ፡ እንበለ ፡ ለረኪበ ፡ ንዋይ ፡ አው ፡ ክብር ። ወከማሁ ፡ እለ ፡ ይፈቅዱ ፡ ይምልክዎሙ ፡ ለሕዝብ ፡ ይቤሉ ፡ እግዚአብሔር ፡ ፈነወነ ፡ ኀቤክሙ ፡ ከመ ፡ ንዜኑክሙ ፡ ጽድቀ ፡ ወሕዝብ ፡ አምኑ ። ወእለ ፡ መጽኡ ፡ ድኅሬሆሙ ፡ ኢኀተቱ ፡ አሚነ ፡ አበዊሆሙ ፡ እለ ፡ ተወከፍዋ ፡ እንበለ ፡ ሐተታ ፡ ወዓዲ ፡ አጽንዕዋ ፡ እንዘ ፡ ይዌስኩ ፡ ታሪካተ ፡ ዘትእምርታት ፡ ወተአምራት ፡ ለአጠይቆ ፡ ጽድቀ ፡ ሃይማኖቶሙ ። ወይቤሉ ፡ እግዚአብሔር ፡ ገብረ ፡ ዘንተ ፡ ወረሰይዎ ፡ ለእግዚአብሔር ፡ ስምዐ ፡ ሐሰት ፡ ወሱታፌ ፡ ምስለ ፡ ሐሳውያን ።

**ክፍል ፡ ፫ ።** ወለሐታቲሰ ፡ ይትከሠት ፡ ጽድቅ ፡ ፍጡነ ። እስመ ፡ ዘየሐትት ፡ በንጹሕ ፡ ልቡና ፡ ዘወደየ ፡ ፈጣሪ ፡ ውስተ ፡ ልበ ፡ ሰብእ ፡ ነጺሮ ፡ ሥርዓተ ፡ ወሕገጋተ ፡ ፍጥረት ፡ ውእቱ ፡ ይረክብ ፡ ጽድቀ ። ሙሴ ፡ ይቤ ፡ ተፈነውኩ ፡ እምኀበ ፡ እግዚአብሔር ፡ ከመ ፡ እዜኑክሙ ፡ ፈቃዶ ፡ ወሕጎ ፡ ወዘመጽኡ ፡ ድኅሬሁ ፡ ወሰኩ ፡ ታሪከ ፡ ተአ*ምራት [*8 v°.] ፡ ዘተገብሩ ፡ ይቤሉ ፡ በምድረ ፡ ግብጽ ፡ ወበደብረ ፡ ሲና ፡ ወአስተማሰልዎ ፡ ጽድቀ ፡ ለነገረ ፡ ሙሴ ። ወለሐታቲሰ ፡ ኢይመስሎ ፡ ጽድቀ ። እስመ ፡ ይትረከብ ፡ ውስተ ፡ መጻሕፍተ ፡ ሙሴ ፡ ጥበብ ፡ ሕሡም ፡ ዘኢይሰነዓው ፡ ምስለ ፡ ጥበበ ፡ ፈጣሪ ፡ ወኢምስለ ፡ ሥርዓት ፡ ወሕገጋተ ፡ ፍጥረት ። እስመ ፡ በፈቃደ ፡ ፈጣሪ ፡ ወበሥርዓተ ፡ ፍጥረት ፡ ተአዘዘ ፡ ከመ ፡ ብእሲ ፡ ወብእሲት ፡ ይትራከቡ ፡ በሩካቤ ፡ ሥጋዊ ፡ ለወሊደ ፡ ውሉድ ፡ ከመ ፡ ኢይትኃጐል ፡ ፍጥረተ ፡ ሰብእ ። ወዝንቱ ፡ ሩካቤ ፡ ዘሠርዓ ፡ እግዚአብሔር ፡ ውስተ ፡ ሕገ ፡ ፍጥረቱ ፡ ለሰብእ ፡ ኢይክል ፡ ይኩን ፡ ርኩሰ ። እስመ ፡ እግዚአብሔር ፡ ኢያረኵስ ፡ ግብረ ፡ እደዊሁ ። ወሙሴሰ ፡ ይቤ ፡ ኵሉ ፡ ሩካቤ ፡ ርኩስ ፡ ውእቱ ፡ ወባሕቱ ፡ ልቡናነ ፡ ያጤይቀነ ፡ ከመ ፡ ዘይብል ፡ ዘንተ ፡ ሐሳዊ ፡ ውእቱ ፡ ወይሬስዮ ፡ ሐሳዌ ፡ ለውእቱ ፡ ፈጣሪ ። ወዓዲ ፡ ሕገ ፡ ክርስቲያን ፡ እምእግዚአብሔር ፡ ይእቲ ፡ ይቤሉ ፡ ወተረከቡ ፡ ተአምራት ፡ ለአጠይቆታ ፡ ወባሕቱ ፡ ልቡናነ ፡ ይብለነ ፡ ወያጤይቀነ ፡ ከመ ፡ አውሰበ ፡ እምሥርዓተ ፡ ፈጣሪ ፡ ውእ*ቱ [*9 r°.] ፡ ወምንኵስናሰ ፡ ያበጥል ፡ ጥበበ ፡ ፈጣሪ ፡ እስመ ፡

በሌዕ ፡ ወ፩ዕለተ ፡ ጸዊም ፡ ያማስን ፡ ጥዒና ፡ ወሕገ ፡ ጾም ፡ ውጹእ ፡ ውእቱ ፡ እምሥርዓተ ፡ ፈጣሪ ፡ ዘፈጠረ ፡ ወመባልዕተ ፡ ለሕይወተ ፡ ሰብእ ፡ ወፈቀደ ፡ ንብልዖሙ ፡ ወናእኵቶ ፡ ወኢይደልወነ ፡ ንትሐረም ፡ እምበረከቱ ። ወለእመበ ፡ ዘይብሉኒ ፡ ለአሞቶ ፡ ፍትወተ ፡ ሥጋ ፡ ተሠርዓ ፡ ሕገ ፡ ጾም ፡ እብሎሙ ፡ ፍትወተ ፡ ሥጋሰ ፡ በዘብእሲ ፡ ይሰሕብ ፡ *11 v°. ኀበ ፡ ብእሲት ፡ ወብእሲት ፡ ትሰሕብ ፡ *ኀበ ፡ ብእሲ ፡ ጥበበ ፡ ፈጣሪ ፡ ውእቱ ፡ ወአብጥሎቱሰ ፡ ኢይደሉ ፡ እንበለ ፡ በሥርዓት ፡ እሙር ፡ ዘሠርዓ ፡ ውእቱ ፡ ፈጣሪ ፡ በሩካቤ ፡ ሕጋዊ ። እስመ ፡ ፈጣሪነ ፡ ኢወደየ ፡ በከንቱ ፡ ዘንተ ፡ ፍትወተ ፡ ውስተ ፡ ሥጋ ፡ ሰብእ ፡ ወኵሉ ፡ እንስሳ ፡ ዳዕሙ ፡ ተከለ ፡ ዘንተ ፡ ፍትወተ ፡ ውስተ ፡ ሥጋ ፡ ሰብእ ፡ ከመ ፡ ይኩን ፡ መሠረተ ፡ ሕይወቱ ፡ ለዝ ፡ ዓለም ፡ ወያቅም ፡ ኵላ ፡ ፍጥረተ ፡ ውስተ ፡ ፍና ፡ ዘተሠርዓ ፡ ላቲ ። ወከመሰ ፡ ዝንቱ ፡ ፍትወት ፡ ኢይፃዕ ፡ እምውሳኔሃ ፡ ይደልወነ ፡ ንብላዕ ፡ በመጠነ ፡ መፍቅድነ ፡ እስመ ፡ ጽጋብ ፡ ወስካር ፡ ያማስን ፡ ጥዒና ፡ ወምግባረ ። ወባሕቱ ፡ በከመ ፡ ኢአበሰ ፡ ዘበልዓ ፡ በመጠነ ፡ መፍቅዱ ፡ በዕለተ ፡ እሑድ ፡ ወበመዋዕለ ፡ ፯ ፡ ከማሁ ፡ ኢይኤብስ[1] ፡ ዘይበልዕ ፡ በዕለተ ፡ ዓርብ ፡ ወበመዋዕል ፡ እምቅድመ ፡ ፋሲካ ። እስመ ፡ እግዚአብሔር ፡ ፈጠሮ ፡ ለሰብእ ፡ ምስለ ፡ መፍቅደ ፡ በሊዕ ፡ ዕሩይ ፡ በበኵሉ ፡ ዕለት ፡ ወበበኵሉ ፡ ወርኀ ። ወአይሁድሰ ፡ ወክርስቲያን ፡ ወእስላም ፡ ኢለበዉ ፡ ውስተ ፡ ግብረ ፡ እግዚ *12 r°. አብሔር ፡ ሰበ ፡ ሠርዑ ፡ ሕገ ፡ ጾም ። *ወይሔስዉ ፡ እንዘ ፡ ይብሉ ፡ እግዚአብሔር ፡ ሠርዓ ፡ ለነ ፡ ጾመ ፡ ወከልአነ ፡ በሊዓ ፡ እስመ ፡ እግዚአብሔር ፡ ፈጣሪነ ፡ ወሀበነ ፡ መባልዕተ ፡ ሲሳየነ ፡ ከመ ፡ ንሴሰዮ ፡ ወአከ ፡ ከመ ፡ ንትሐርም ፡ እምኔሁ ።

**ክፍል ፡ ፮** ። ወበ ፡ ካልእ ፡ ዓቢይ ፡ ሐተታ ፡ እስመ ፡ ኵሎሙ ፡ ሰብእ ፡ ዕሩያን ፡ እሙንቱ ፡ በኀበ ፡ እግዚአብሔር ፡ ወኵሎሙ ፡ ለባውያን ፡ ፍጥረተ ፡ ዚአሁ ፡ ወውእቱ ፡ ኢፈጠረ ፡ ፩ሕዝበ ፡ ለሕይወት ፡ ወ፩ለሞት ፡ ፩ደ ፡ ለምሕረት ፡ ወ፩ደ ፡ ለኵነኔ ፡ ወልቡናነ ፡ ይሜህረነ ፡ ከመ ፡ ዝንቱ ፡ አድልዎ ፡ ኢይትረከብ ፡ በኀበ ፡ እግዚአብሔር ፡ ጻድቅ ፡ በኵሉ ፡ ምግባሩ ። ወሙሴሰ ፡ ተፈነወ ፡ ከመ ፡ ይምሀሮሙ ፡ ለአይሁድ ፡ ባሕቲቶሙ ፡ ወውእቱ ፡ ዳዊት ፡ ይቤ ፡ ኢገብረ ፡ ከማሆሙ ፡ ለባዕዳን ፡ አሕዛብ ፡ ወኢነገሮሙ ፡ ፍትሖ ። በይነ ፡ ምንት ፡ እግዚአብሔር ፡ ለ፩ሕዝብ ፡ ነገሮ ፡ ፍትሖ ፡ ወለካልኡ ፡ ኢነገሮ ። ወበዝንቱ ፡ መዋዕል ፡ ክርስቲያን ፡ ይብሉ ፡ ትምህርተ ፡ እግዚአብሔር ፡ ኢይትረከብ ፡ እንበለ ፡ በኀቤነ ፡ ወከማሆሙ ፡ ይብሉ ፡ አይሁድ ፡ ወእስላም ፡ ወሰብእ ፡ ህንድ ፡

[1] Ms. : ኢይአ″.

ወካልአን ። ወዓዲ ፡ *ክርስቲያን [12 v°.] ፡ ኢይሰነዓዉ ፡ በበይናቲሆሙ ፡ ወፍራንጅ ፡ ይብሉነ ፡ አልበ ፡ ትምህርተ ፡ እግዚአብሔር ፡ ምስሌክሙ ፡ አላ ፡ ምስሌነ ፡ ዘሀሎ ። ወንሕነኒ ፡ ከመዝ ፡ ክመ ፡ ዘንብል ፡ ወለእመ ፡ ንሰምዖሙ ፡ ለሰብእ ፡ እምኢበጽሐ ፡ ትምህርተ ፡ እግዚአብሔር ፡ እንበለ ፡ ኀበ ፡ ኅዳጣን ፡ ጥቀ ። ወዓዲ ፡ ኢነአምር ፡ ኀበ ፡ መኑ ፡ በጽሐ ፡ እምእሉ ፡ ኵሎሙ ፡ ተሰዕኖኑ ፡ ለእግዚአብሔር ፡ አጽንዖ ፡ ቃሉ ፡ በኀበ ፡ ሰብእ ፡ ለእመ ፡ ፈቀደ ። ወባሕቱ ፡ ጥበበ ፡ እግዚአብሔር ፡ በሠናይ ፡ ምክር ፡ ኢኀደገ ፡ ሰብአ ፡ ይሰነዓዉ ፡ በሐሰት ፡ ከመ ፡ ኢይመስሎሙ ፡ ጽድቀ ። እስመ ፡ ሰበ ፡ ኵሉ ፡ ሰብእ ፡ ተሰነዓዉ ፡ በ፩ነገር ፡ ይመስል ፡ ጽድቀ ፡ ዝንቱ ፡ ነገር ። ወኵሉ ፡ ሰብእ ፡ ኢይክሉ ፡ ይሰነዓዉ ፡ በሐሰት ፡ በከመ ፡ ኢይሰነዓዉ ፡ በሃይማኖቶሙ ፡ ወኢምንተኒ ። እስኩ ፡ ነሐሊ ፡ በይነ ፡ ምንት ፡ ኵሎሙ ፡ ሰብእ ፡ ይሰነዓዉ ፡ በብሂሎቶሙ ፡ ከመበ ፡ እግዚአብሔር ፡ ፈጣሬ ፡ ኵሉ ። እስመ ፡ ልቡና ፡ ኵሉ ፡ ሰብእ ፡ የአምር ፡ ከመ ፡ ዝንቱ ፡ ኵሉ ፡ ዘንሬኢ ፡ ፍጡር ፡ ውእቱ ፡ *ወከመ [13 r°.] ፡ ኢይክል ፡ ይትረከብ ፡ ፍጡር ፡ እንበለ ፡ ፈጣሬ ፡ ወከመበ ፡ ፈጣሬ ፡ ጽድቀ ፡ ውእቱ ። ወበእንተዝ ፡ ይሰነዓዉ ፡ በቱ ፡ ኵሉ ፡ ሰብእ ፡ ወባሕቱ ፡ ሰበ ፡ ነሐትት ፡ ሃይማኖታተ ፡ ዘመሀሩ ፡ ሰብእ ፡ እስመ ፡ ሀሎ ፡ ውስቴቶሙ ፡ ሐሰት ፡ ምስለ ፡ ጽድቅ ፡ ተቶሲሖ ፡ በእንተዝ ፡ ኢንሰ[ነ]ዓው ፡ በሙ ። ወሰብእ ፡ ይትበአሱ ፡ በበይናቲሆሙ ፡ ወ፩ይብል ፡ ከመዝ ፡ ወከመገ ፡ ጽድቅ ፡ ውእቱ ። ወካልኡ ፡ ይብል ፡ አኮ ፡ አላ ፡ ሐሰት ፡ ውእቱ ፡ ወኵሎሙ ፡ ይሒስዉ ፡ እንዘ ፡ ይሬስዩ ፡ ቃለ ፡ ሰብእ ፡ ቃሎ ፡ ለእግዚአብሔር ። ወሐለይኩ ፡ ወእቤ ፡ ሃይማኖተ ፡ ሰብእሰ ፡ ወለእመኒ ፡ ኢኮነት ፡ እምእግዚአብሔር ፡ ትትፈቀድ ፡ ሎሙ ፡ ለሰብእ ፡ ወታገብር ፡ ሠናያተ ፡ እስመ ፡ ታፈርሆሙ ፡ ለእኩያን ፡ ከመ ፡ ኢይግበሩ ፡ እከየ ፡ ወትናዝዞሙ ፡ ለሠናያን ፡ በትዕግሥቶሙ ፡ ወሊተሰ ፡ ትትመሰል ፡ ዘከመዝ ፡ ሃይማኖት ፡ ብእሲተ ፡ ብእሲ ፡ ዘወለደት ፡ እምዝሙት ፡ እንዘ ፡ ኢየአምር ፡ ምታ ፡ ወምታሰ ፡ ይትፌሣሕ ፡ በሕፃን ፡ ዘይመስሎ ፡ ወልዶ ፡[1] ወያፈቅራ ፡ ለእሙ ፡ እመሰ ፡ የአምር ፡ ከመ ፡ *ወለደት [13 v°.] ፡ እምዝሙት ፡ ይቴክዝ ፡ ወይሰድዳ ፡ ለብእሲቱ ፡ ምስለ ፡ ወልዳ ። ወከማሁ ፡ አነ ፡ እምድኅረ ፡ አእመርኩ ፡ ከመ ፡ ሃይማኖትየ ፡ ዘማ ፡ ይእቲ ፡ አው ፡ ሐሳዊት ፡ ተከዝኩ ፡ በእንቲአሃ ፡ ወበእንተ ፡ ውሉዳ ፡ ዘእምዝሙታ ፡ ወውእቶሙ ፡ ጽልዕ ፡ ወስደት ፡ ወዝብጠት ፡ ወተሞቅሖ ፡ ወሞት ፡ ዘሰደዱኒ ፡ ውስተ ፡ ዝንቱ ፡ ግብ ፡ ወባሕቱ ፡ ከመ ፡ እበል ፡ ጽድቀ ፡ ዛቲ ፡ ሃይማኖተ ፡ ክርስቲያን ፡ በከመ ፡ ተሠርዓት ፡ በዘመነ ፡ ወን

[1] Vox sec. man. add. in margine.

ጌል ፡ ኢኮነት ፡ እኪተ ፡ እስመ ፡ ትኤዝዞሙ ፡ ለሰብእ ፡ ፍቅረ ፡ በበይናቲሆሙ ፡ ወኵሎ ፡ ግብረ ፡ ምሕረት ። ወበዝንቱ ፡ ዘመንሰ ፡ ሰብአ ፡ ብሔርነ ፡ አፍለሱ ፡ ፍቅረ ፡ ወንጌል ፡ ኀበ ፡ ጽልዕ ፡ ወተኃይሎ ፡ ወኅምዘ ፡ አርዌ ፡ ምድር ፡ ወነሰቱ ፡ ሃይማኖቶሙ ፡ እመሠረታ ፡ ወይሜሀሩ ፡ ከንቶ ፡ ወይገብሩ ፡ ዓመፃ ፡ ወበሐሰት ፡ ይትበሀሉ ፡ ክርስቲያነ ።

**ክፍል ፡ ፯** ። ወሐለይኩ ፡ ወእቤ ፡ በይነ ፡ ምንት ፡ እግዚአብሔር ፡ የኃድግ ፡ ሰብአ ፡ ሐሳውያነ ፡ ያስሕትዎሙ ፡ ለሕዝበ ፡ ዚአሁ ። እግዚአብሔርሰ ፡ ወሀበሙ ፡ ለኵሉ ፡ ለለ፩፩ልቡና ፡ ከመ ፡ ያእምሩ ፡ ጽድቀ ፡ * 14 r°. ወሐሰተ ፡ ወጸገዎሙ ፡ ኅርየተ ፡ በዘየኅርዩ ፡ ጽድቀ ፡ አው ፡ *ሐሰተ ፡ በከመ ፡ ፈቀዱ ። ወለእመ ፡ ንፈቅድ ፡ ጽድቀ ፡ ንኅሥሣ ፡ በልቡናነ ፡ ዘወሀበነ ፡ እግዚአብሔር ፡ ከመ ፡ ንርአይ ፡ ቦቱ ፡ ዘከነ ፡ ለነ ፡ መፍትወ ፡ ውስተ ፡ ኵሉ ፡ መፍቅዳተ ፡ ፍጥረት ። ወለጽድቅሰ ፡ ኢንረክባ ፡ በትምህርታተ ፡ ሰብእ ፡ እስመ ፡ ኵሉ ፡ ሰብእ ፡ ሐሳዊ ፡ ውእቱ ። ወለእመሰ ፡ ናበድራ ፡ ለሐሰት ፡ እምጽድቅ ፡ ኢይትኃጐል ፡ በእንተ ፡ ዝንቱ ፡ ሥርዓተ ፡ ፈጣሪ ፡ ወኢሕግ ፡ ጠባይዓዊ ፡ ዘተሠርዓ ፡ ለኵሉ ፡ ፍጥረት ፡ እንበለ ፡ ንሕነ ፡ ዘንትኃጐል ፡ በስሕተትነ ። ወእግዚአብሔርሰ ፡ የዓቅብ ፡ ዓለመ ፡ በሥርዓቱ ፡ ዘሠርዓ ፡ ወዘሰብእ ፡ ኢይክሉ ፡ አማስኖቶ ፡ እስመ ፡ ሥርዓተ ፡ እግዚአብሔር ፡ ይጸንዕ ፡ እምሥርዓተ ፡ ሰብእ ። ወበእንተዝ ፡ እለ ፡ የአምኑ ፡ ከመ ፡ ምንኵስና ፡ ይኄይስ ፡ እምአውስበ ፡ እሙንቱኒ ፡ ይሰሐቡ ፡ እምጽንዑ ፡ ለሥርዓተ ፡ ፍጣሬ ፡ ኀበ ፡ አውስበ ። ወእለ ፡ የአምኑ ፡ ከመ ፡ ጾም ፡ ያጸድቅ ፡ ነፍሰ ፡ እሙንቱኒ ፡ ይበልዑ ፡ እመ ፡ ይእኅዞሙ ፡ ረኃብ ። ወእለ ፡ የአምኑ ፡ ከመ ፡ ዘየኃድግ ፡ ንዋዮ ፡ ይከውን ፡ ፍጹመ ፡ እሙንቱሂ ፡ እምበቍዔት ፡ ዘይትረክብ ፡ በንዋይ ፡ ይሰሐቡ ፡ *ኀበ ፡ ኅሢሠ ፡ ንዋይ ። ወእምድኅረ ፡ ኀደግዎ ፡ የኀሥሥዎ ፡ ካዕበ ፡ በከመ ፡ ይገብሩ ፡ ብዙኃን ፡ እመነኮሳተ ፡ ብሔርነ ። ወከመዝ ፡ ኵሎሙ ፡ ሐሳውያን ፡ ይፈቅዱ ፡ ይንስትዎ ፡ ለሥርዓተ ፡ ፍጥረት ፡ ወባሕቱ ፡ ኢይክሉ ፡ እንበለ ፡ ያርእዩ ፡ ሐሰቶሙ ፡ ድኩመ ። ፈጣሬሰ ፡ ይስሕቆሙ ፡ ወእግዚአ ፡ ፍጥረት ፡ ይሣለቅ ፡ ላዕሌሆሙ ። እስመ ፡ የአምር ፡ እግዚአብሔር ፡ ገቢረ ፡ ፍትሕ ፡ ወበግብረ ፡ እደዊሁ ፡ ተሠግረ ፡ ኃጥእ ። ወበእንተዝ ፡ መነኮስ ፡ ዘያነውር ፡ ሥርዓተ ፡ አውስበ ፡ ይሠገር ፡ በዝሙት ፡ ወበካልእ ፡ አበሳ ፡ ሥጋሁ ፡ በዘኢከነ ፡ ፍጥረቱ ፡ ወበእኩይ ፡ ሕማም ። ወእለ ፡ ይሜንኑ ፡ ንዋዮሙ ፡ ይከውኑ ፡ መድልዋነ ፡ በኀበ ፡ ነገሥት ፡ ወአብዕልት ፡ ከመ ፡ ይርከቡ ፡ ንዋየ ። ወእለ ፡ የኀድጉ ፡ አዝማዲሆሙ ፡ በእንተ ፡ እግዚአብሔር ፡ ብሂሎሙ ፡ የኀጥኡ ፡ ረዳኤ ፡ እመ ፡ ምንዳቤሆሙ ፡ ወርስዖሙ ፡ ወይበጽሑ ፡ ኀበ ፡ ሐሜት ፡ ወጽርፈት ፡ ላዕለ ፡ እግዚአብሔር ፡ ወላዕለ ፡ ሰብእ ።

ወከመዝ ፡ ኵሎሙ ፡ እለ[1] ፡ ይነስቱ ፡ ሥርዓተ ፡ ፈጣሬ ፡ ይሠገሩ ፡ በግብረ ፡ እደዊሆ ። ወዓዲ ፡ የኀድግ ፡ እግዚአብሔ*ር [*15 r°.] ፡ ስሕተተ ፡ ወእከየ ፡ ማእከለ ፡ ሰብእ ፡ እስመ ፡ ነፍሳቲነ ፡ ሀለዋ ፡ ውስተ ፡ ዝንቱ ፡ ዓለም ፡ ከመ ፡ ውስተ ፡ ብሔረ ፡ ፈቲን ፡ በዘይትሜከሩ ፡ በቱ ፡ ኅሩያነ ፡ እግዚአብሔር ፡ በከመ ፡ ይቤ ፡ ጠቢብ ፡ ሰሎሞን ፡ እስመ ፡ እግዚአብሔር ፡ አምከሮሙ ፡ ለጻድቃን ፡ ወረከቦሙ ፡ ድልዋነ ፡ ሎቱ ፡ ወከመ ፡ ወርቅ ፡ ዘይትፈተን ፡ በምንሐብ ፡ አምከሮሙ ፡ ወከመ ፡ ጽንሐሕ ፡ ውኩፍ ፡ ተወከፎሙ ፡ ወእምድኅረ ፡ ሞትነሰ ፡ አመ ፡ ንገብዕ ፡ ኀበ ፡ ፈጣሬነ ፡ ንሬኢ ፡ በከመ ፡ እግዚአብሔር ፡ ሠርዓ ፡ ኵሎ ፡ በጽድቅ ፡ ወበዓቢይ ፡ ጥበብ ፡ ወኵሉ ፡ ፍኖቱ ፡ ጽድቅ ፡ ወርትዕ ። ወከመሰ ፡ ነፍስነ ፡ ተሐዩ ፡ እምድኅረ ፡ ሞተ ፡ ሥጋነ ፡ ይትዓወቅ ፡ እስመ ፡ በዝንቱ ፡ ዓለም ፡ ኢይትፌጸም ፡ ፍትወትነ ፡ ወእለ ፡ አልበሙ ፡ የኀሥሡ ፡ ወእለ ፡ ቦሙ ፡ ይፈቅዱ ፡ ይወስኩ ፡ ዓዲ ፡ ለዘቦሙ ፡ ወለእመኒ ፡ አጥረየ ፡ ብእሲ ፡ ኵሎ ፡ ዘሀሎ ፡ ውስተ ፡ ዓለም ፡ ኢይጸግብ ፡ ወዓዲ ፡ ይፈቱ ። ወዝንቱ ፡ ጠባይዓ ፡ ፍጥረትነ ፡ ይኤምር ፡ ከመ ፡ ኢተፈጠርነ ፡ ለንብረተ ፡ ዝዓለም ፡ ባሕቲቱ ፡ አላ ፡ ወለዘይመጽእ ፡ ንብረት ፡ ወበ*ሀየ [*15 v°.] ፡ ነፍሳት ፡ እለ ፡ ፈጸማ ፡ ፈቃደ ፡ ፈጣሬሆን ፡ ይጸግባ ፡ ፍጹመ ፡ ወኢይፈትዋ ፡ እንከ ፡ ካልአ ፡ ነገረ ። ወእንበለዝ ፡ ፍጥረተ ፡ ሰብእ ፡ እምከነ ፡ ንቱገ ፡ ወእምኢረከበ ፡ ኵሎ ፡ ዘይትፈቀድ ፡ ሎቱ ። ወዓዲ ፡ ነፍስነ ፡ ትክል[2] ፡ ተሐሊ ፡ እግዚአብሔርሃ ፡ ወትርአዮ ፡ በሕሊናሃ ። ወዓዲ ፡ ትክል ፡ ተሐሊ ፡ ነቢረ ፡ ለዓለም ። ወእግዚአብሔር ፡ ኢወሀበ ፡ በከንቱ ፡ ተሐሊ ፡ ዘንተ ፡ ዳዕሙ ፡ በከመ ፡ ወሀባ ፡ ተሐሊ ፡ ወሀባሂ ፡ ወትርከብ ። ወዓዲ ፡ በዝ ፡ ዓለም ፡ ኢይትፌጸም ፡ ኵሉ ፡ ጽድቅ ፡ ወሰብእ ፡ እኩያን ፡ ይጸግቡ ፡ እምሠናያተዝ ፡ ዓለም ፡ ወየዋሃን ፡ ይርኅቡ ። በእኩይ ፡ ዘይትፌሣሕ ፡ ወበሠናይ ፡ ዘይቴክዝ ፡ በዓማፂ ፡ ዘይትፌጋዕ ፡ ወበ ፡ ጻድቅ ፡ ዘይበኪ ። ወበእንተዝ ፡ ይትፈቀድ[3] ፡ እምድኅረ ፡ ሞትነ ፡ ካልዕ ፡ ንብረት ፡ ወካልዕ ፡ ጽድቅ ፡ ፍጹም ፡ ዘይፈድዮ ፡ ለኵሉ ፡ በከመ ፡ ምግባሩ ። ወየዓሥዮሙ ፡ ለእለ ፡ ፈጸሙ ፡ ፈቃደ ፡ ፈጣሬ ፡ ዘተከሥተ ፡ ሎሙ ፡ በብርሃነ ፡ ልቡናሆሙ ፡ ወለእለ ፡ ዓቀቡ ፡ ሕገ ፡ ጠባይዓዌ ፡ ዘፍጥረቶሙ ። ወሕገ ፡ ፍጥረትሰ ፡ ጥዩቅ ፡ ውእቱ ፡ እስመ ፡ ልቡናነ ፡ *ይነግረነ [*16 r°.] ፡ ከሡተ ፡ ለእመ ፡ ነሐትታ ። ወባሕቱ ፡ ሰብእ ፡ ኢፈቀዱ ፡ ይኅትቱ ፡ ወአብደሩ ፡ ይእመኑ ፡ በቃለ ፡ ሰብእ ፡ እምይኅሥሡ ፡ ፈቃደ ፡ ፈጣሬሆሙ ፡ በጽድቅ ።

**ክፍል ፡ ፳ ።** ወፈቃደ ፡ ፈጣሬሰ ፡ ይትዓወቅ ፡ በዝንቱ ፡ ሐጹር ፡

[1] Vox sec. man. add. supra lineam. — [2] Vox add. supra lineam. — [3] Ms. ″ቅድ ፡

ብሂሎተ ፡ ልቡናነ ፡ ዘይብለነ ፡ ስግድ ፡ ለእግዚአብሔር ፡ ፈጣሪከ ፡ ወአፍ
ቅር ፡ ኵሎ ፡ ሰብአ ፡ ከመ ፡ ነፍስከ ። ወዓዲ ፡ በብሂሎተ ፡ ልቡናነ ፡
ኢትግበር ፡ ለሰብእ ፡ ዘኢትፈቅድ ፡ ይግበሩ ፡ ለከ ። ወግበር ፡ ሎሙ ፡
ዘትፈቅድ ፡ ይግበሩ ፡ ለከ ። ወዓዲ ፡ ፲ቃላተ ፡ ኦሪት ፡ ፈቃደ ፡
ፈጣሪ ፡ እሙንቱ ፡ እንበለ ፡ ዳዕሙ ፡ አክብሮተ ፡ ሰንበት ፡ እስመ ፡
በእንተ ፡ አክብሮተ ፡ ሰንበት ፡ ያረምም ፡ ልቡናነ ። ወከመሰ ፡ ኢንቅ
ትል ፡ ወኢንሥርቅ ፡ ወኢንሐሱ ፡ ወኢንሑር ፡ ብእሲተ ፡ ብእሲ ፡
ወዘይመስሎ ፡ ለዝንቱ ፡ ልቡናነ ፡ ይሜህረነ ፡ ከመ ፡ ኢይደልወነ ፡ ንግ
በር ። ወከማሁ ፡ ፰ቃላተ ፡ ወንጌል ፡ ፈቃደ ፡ ፈጣሪ[1] ፡ እሙንቱ ።
እስመ ፡ ንሕነ ፡ ንፈቅድ ፡ ይግበሩ ፡ ለነ ፡ ዘንተ ፡ ግብረ ፡ ምሕረት ፡ ወይ
*16 v°. ደልወነ ፡ ንግበር ፡ ለካልአን ፡ *ዘይትከሐለነ ። ወዓዲ ፡ ፈቃደ ፡ ፈጣ
ሪ ፡[1] ውእቱ ፡ ከመ ፡ ንዕቀብ ፡ ሕይወተነ ፡ ወንብረተነ ፡ ውስተ ፡ ዝንቱ ፡
ዓለም ። እስመ ፡ በፈቃደ ፡ ፈጣሪ ፡ መጻእነ ፡ ወንነብር ፡ ውስተ ፡ ዝን
ቱ ፡ ሕይወት ፡ ወኢይደልወነ ፡ ንኅድጎ ፡ እንበለ ፡ በፈቃዱ ፡ ቅዱስ ፡
ወይፈቅድ ፡ ውእቱ ፡ ፈጣሬነ ፡ ከመ ፡ ናሠንዮ ፡ ለንብረትነ ፡ በአእምሮ
ትነ ፡ ወበገቢር ፡ እስመ ፡ ወሀበነ ፡ ልቡና ፡ ወተክህሎ ፡ ለዝንቱ ። ወበእ
ንተዝ ፡ ገቢረ ፡ ግብረ ፡ እድ ፡ ፈቃደ ፡ ፈጣሪ ፡ ውእቱ ። እስመ ፡ እን
በለዝ ፡ ኢይትረከብ ፡ መፍቅደ ፡ ሕይወትነ ። ወከማሁ ፡ አውሰበ ፡ ፩ዱ ፡
ምስለ ፡ አሐቲ ፡ ወአልህቆ ፡ ውሉድ ። ወሀለዉ ፡ ዓዲ ፡ ብዙኃን ፡ ካል
አን ፡ ግብራት ፡ ዘይሰነዓዉ ፡ ምስለ ፡ ልቡናነ ፡ ወይትፈቀዱ ፡ ለሕይወ
ትነ ፡ አው ፡ ለንብረተ ፡ ኵሎሙ ፡ እጓለ ፡ እመሕያው ፡ ወይደልወነ ፡ ንዕ
ቀበሙ ፡ እስመ ፡ ከመዝ ፡ ውእቱ ፡ ፈቃዱ ፡ ለፈጣሪነ ፡ ወይደልወነ ፡ ናእ
ምሮ ፡ ከመ ፡ እግዚአብሔር ፡ ኢፈጠረነ ፡ ፍጹማነ ፡ ዳዕሙ ፡ ፈጠረነ ፡
ለባውያነ ፡ ወድልዋነ ፡ ለተፈጽሞትነ ፡ ከመ ፡ ንትፈጸም ፡ እስከ ፡ አመ ፡
*17 r°. ሀሎነ ፡ ውስተ ፡ ዝንቱ ፡ ዓለ*ም ፡ ወንኩን ፡ ድልዋነ ፡ ለዕሤት ፡ ዘአስ
ተዳለወ ፡ ለነ ፡ ፈጣሪነ ፡ በጥበቡ ። ወእምተክህሎ ፡ ለእግዚአብሔር ፡ ይ
ፍጥረነ ፡ ፍጹማነ ፡ ወይረስየነ ፡ ብፁዓነ ፡ ዲበ ፡ ምድር ። ወባሕቱ ፡ ኢ
ፈቀደ ፡ ይፍጥረነ ፡ ከማሁ ፡ ወፈጠረነ ፡ ድልዋነ ፡ ለተፈጽሞትነ ፡ ወአን
በረነ ፡ ማእከለ ፡ መንሱተዝ ፡ ዓለም ፡ ንኩን ፡ ፍጹማነ ፡ ወድልዋነ ፡ ለ
ዕሤት ፡ ዘይሁበነ ፡ ፈጣሬነ ፡ እምድኅረ ፡ ሞትነ ፡ ወእስከ ፡ አመ ፡ ንሄ
ሉ ፡ ውስተ ፡ ዝንቱ ፡ ዓለም ፡ ይደልወነ ፡ ንሰብሖ ፡ ለፈጣሬነ ፡ ወንፈ
ጽም ፡ ፈቃዶ ፡ ወንትዓገሥ ፡ እስከ ፡ አመ ፡ ይወስደነ ፡ ኀቤሁ ። ወ
ንስአል ፡ ኀበ ፡ ኂሩቱ ፡ ከመ ፡ ያቅልል ፡ ለነ ፡ መዋዕለ ፡ ፈቲኖትነ ።
ወከመ ፡ ይኅድግ ፡ ለነ ፡ አበሳነ ፡ ወዕበደነ ፡ ዘገበርነ ፡ በኢያእምሮትነ ፡

[1] Vox sec. man. add. in margine.

ወየሀበነ ፡ ልቡና ፡ ከመ ፡ ናእምር ፡ ሕገጋተ ፡ ዘተፈጥሮትነ ፡ ወንዕቀበን ። በእንተ ፡ ጸሎትሰ ፡ ይደልወነ ፡ ንጸሊ ፡ ዘልፈ ። እስመ ፡ መትልዋ ፡ ለፍጥረት ፡ ለባዊት ፡ ውእቱ ። ወነፍስ ፡ ነባቢት ፡ ዘትሴቡ ፡ ከመበ ፡ እግዚአብሔር ፡ ዘኵሎ ፡ የአም*ር ፡ ወኵሎ ፡ የዓቅብ ፡ ወኵሎ ፡ ይመልክ ፡ (* 17 v°.) ትስሐብ ፡ ኀቤሁ ፡ ከመ ፡ ትጸሊ ፡ ወትስአል ፡ እምኔሁ ፡ ሠናያተ ፡ ወትድኃን ፡ እምእኩይ ፡ ወትትመኃፀን ፡ ውስተ ፡ እዴሁ ፡ ለዘኵሎ ፡ ይክል ፡ ወአልበ ፡ ዘይሰዓኖ ፡ እግዚአብሔር ፡ ዓቢይ ፡ ወልዑል ፡ ወይሬኢ ፡ ዘበታሕቱ ፡ ወይእኅዝ ፡ ኵሎ ፡ ወይሴቡ ፡ ኵሎ ፡ ወይመርሀ ፡ ኵሎ ፡ ወይሜህር ፡ ኵሎ ፡ አቡነ ፡ ወፈጣሪነ ፡ ወዓቃቢነ[1] ፡ ወዕሤተ ፡ ነፍሳቲነ ፡ መስተሣህል ፡ ወኄር ፡ ዘየአምር ፡ ኵሎ ፡ ምንዳቤነ ፡ ወይሠምር ፡ በትዕግሥትነ ፡ ዘፈጠረነ ፡ ለሕይወት ፡ ወአኮ ፡ ለሙስና ። በከመ ፡ ይቤ ፡ ጠቢብ ፡ ሰሎሞን ፡ አንተ ፡ እግዚኦ ፡ ትሜህር ፡ ኵሎ ፡ እስመ ፡ ከሐሊ ፡ አንተ ፡ ላዕለ ፡ ኵሉ ፡ ወትትኄየይ ፡ ኀጣውአ ፡ ሰብእ ፡ እንዘ ፡ ትጸንሖ ፡ ለንስሐ ። ታፈቅር ፡ ኵሎ ፡ እለ ፡ ሀሎ ፡ ወአልበ ፡ ዘትሜንን ፡ ወኢምንተኒ ፡ እምዘገበርከ ፡ አንተ[2] ፡ ትምህክ ፡ ወትሣሃል ፡ ላዕለ ፡ ኵሉ ፡ ፍጥረት ፡ ወእግዚአብሔር ፡ ፈጠረነ ፡ ለባውያነ ፡ ከመ ፡ ነሐሊ ፡ ዕበዮ ፡ ወናእኵቶ ፡ ወንጸሊ ፡ ኀቤሁ ፡ በእንተ ፡ ረኪበ ፡ መፍቅዳተ ፡ ሥጋነ ፡ ወነፍስነ ፡ ዘን*ተ ፡ ኵሎ ፡ ይሜህረነ ፡ ልቡናነ ፡ ዘወደየ ፡ ፈጣሪነ (* 18 r°.) ፡ ውስተ ፡ ልበ ፡ ሰብእ ፡ ወእፎ ፡ ይከውን ፡ ከንቶ ፡ ወሐሰተ ።

**ክፍል ፡ ፱ ።** ወአንሰ ፡ አእመርኩ ፡ ዓዲ ፡ በካልእ ፡ ፍና ፡ ከመ ፡ ይሰምዕ ፡ እግዚአብሔር ፡ ጸሎተነ ፡ ሶበ ፡ ንጼሊ ፡ ኀቤሁ ፡ በልብነ ፡ ምሉዕ ፡ ወበፍቅር ፡ ወበተአምኖ ፡ ወበትዕግሥት ፡ እስመ ፡ ኃጥእ ፡ አነ ፡ ወነበርኩ ፡ አመ ፡ ንዕስየ ፡ ብዙኃ ፡ ዘመነ ፡ እንዘ ፡ ኢይሔሊ ፡ ወኢምንተኒ ፡ በግብረ ፡ እግዚአብሔር ፡ ወኢይጼሊ ፡ ኀቤሁ ፡ ወአበስኩ ፡ ብዙኃ ፡ በዘኢይደልዋ ፡ ለፍጥረት ፡ ለባዊት ፡ ወበእንተ ፡ ኃጢአትየ ፡ ወደቁ ፡ ውስተ ፡ መሥገርት ፡ እንተ ፡ ኢይትከሐሎ ፡ ለሰብእ ፡ ይድኃን ፡ እምኔሃ ፡ ወአልጸቁ ፡ እትመንደብ ፡ ፍጹመ ፡ ወመጽአኒ ፡ ድንጋጼ ፡ ሞት ። ውእተ ፡ ዓሚረ ፡ ተመየጥኩ ፡ ኀበ ፡ እግዚአብሔር ፡ ወወጠንኩ ፡ እጸሊ ፡ ኀቤሁ ፡ ከመ ፡ ያድኅነኒ ፡ እስመ ፡ ውእቱ ፡ የአምር ፡ ኵሎ ፡ ፍናወ ፡ አድኅኖ ። ወእቤሎ ፡ ለእግዚአብሔር ፡ እኔስሕ ፡ እምኃጣውእ ፡ ወአኃሥሥ ፡ ፈቃደከ ፡ እግዚኦ ፡ ወእገብራ ። ወባሕቱ ፡ ይእዜ ፡ ኅድግ ፡ ሊተ ፡ አበሳየ ፡ *ወአድኅነኒ ። ወጸለይኩ ፡ በኵሉ ፡ ልብየ ፡ ብዙኃ ፡ (* 18 v°.) መዋዕለ ፡ ወእግዚአብሔር ፡ ሰምዓኒ ፡ ወአድኃነኒ ፡ ፍጹመ ፡ ወአእኰትክዎ ፡ ወተመየጥኩ ፡ ኀቤሁ ፡ በፍጹም ፡ ልብየ ። ወእቤ ፡ መዝሙረ ፡

[1] Ms. : ″ቃቤነ ፡ — [2] Ms. : ″ት ፡

ዘ፻፲ወ፬አፍቀርኩ ፡ እስመ ፡ ሰምዓኒ ፡ እግዚአብሔር ፡ ቃለ ፡ ስእለትየ ፡፡
ወመሰለኒ ፡ ከመ ፡ ዝንቱ ፡ መዝሙር ፡ ዘተጽሕፈ ፡ በእንቲአየ ፡፡ ወዓዲ ፡
እቤ ፡ ኢይመውት ፡ ዘእንበለ ፡ ዘአሐዩ ፡፡ ወእነግር ፡ ግብሮ ፡ ለእግ
ዚአብሔር ፡፡ ወዓዲ ፡ ሀለዉ ፡ እለ ፡ ያስተዋድዩኒ ፡ ዘልፈ ፡ ኀበ ፡
ንጉሥ ፡፡ ወይብልዎ ፡ ዝንቱ ፡ ብእሲ ፡ ፀርከ ፡ ውእቱ ፡ ወፀሮሙ ፡
ለፍራንጅ ፡ ወአእመርኩ ፡ ከመ ፡ ነደ ፡ ላዕሌየ ፡ መዓተ ፡ ንጉሥ ፡፡
ወበ፩እመዋዕል ፡ መጽአ ፡ ኀቤየ ፡ መልአከ ፡ ንጉሥ ፡ ወይቤለኒ ፡ ነዓ ፡
አ ፡ ፍጡነአ ፡ ኀቤየአ ፡ ይቤ ፡ ንጉሥ ፡፡ ወአንሰ ፡ ፈራህኩ ፡ ጥቀ ፡፡
ወኢተክህለኒ ፡ እጕየይ ፡ እስመ ፡ ሰብአ ፡ ንጉሥ ፡ የዓቅቡኒ ፡፡ ወጸ
ለይኩ ፡ ኵሎ ፡ ሌሊተ ፡ በትኩዝ ፡ ልብየ ፡ ወበነግሀ ፡ ተንሣእኩ ፡
*19 r°. ወሖርኩ ፡ ወበእኩ ፡ ኀበ ፡ ንጉሥ ፡፡ ወእግዚአብሔር ፡ አራኅ*ርኖ ፡
ለልበ ፡ ንጉሥ ፡ ወተወከፈኒ ፡ በፍቅር ፡ ወኢይቤለኒ ፡ ወኢምንተኒ ፡
በእንተ ፡ ዘፈራህኩ ፡፡ ወባሕቱ ፡ ተሰአለኒ ፡ በእንተ ፡ ብዙኃ ፡ ነገ
ረ ፡ ትምህርት ፡ ወመጻሕፍት ፡ ወይቤለኒ ፡ እስመ ፡ ብእሲ ፡ ምሁር ፡
አንተ ፡ ይደልወከ ፡ ታፍቅሮሙ ፡ ለፍራንጅ ፡ እስመ ፡ ምሁራን ፡ እሙ
ንቱ ፡ ጥቀ ፡፡ ወእቤሎ ፡ አሆ ፡ እስመ ፡ ፈራህኩ ፡ ወእስመ ፡ ፍራንጅ ፡
በአማን ፡ ምሁራን ፡ እሙንቱ ፡፡ ወእምዝ ፡ ንጉሥ ፡ ወሀበኒ ፡ ፫አውቅ
ያተ ፡ ወርቅ ፡ ወፈነወኒ ፡ በሰላም ፡፡ ወወጺእየ ፡ እምኀበ ፡ ንጉሥ ፡ አን
ከርኩ ፡ ወአእኮትክዎ ፡ ለእግዚአብሔር ፡ ዘገብረ[1] ፡ ሊተ ፡ ሠናየ ፡፡
ወካዕበሰ ፡ ሰበ ፡ አስተዋደየኒ ፡ ወልደ ፡ ዮሐንስ ፡ ጐየይኩ ፡ ወኢጸለ
ይኩ ፡ ከመ ፡ ያድኅነኒ ፡ በከመ ፡ ቀዲሙ ፡ እስመ ፡ ተክህለኒ ፡ እጕየይ ፡፡
ወለሰብእሰ ፡ ይደልዎ ፡ ይግበር ፡ ኵሎ ፡ ዘይትከሀሎ ፡ እንበለ ፡ ያምክሮ ፡
ለእግዚአብሔር ፡ በከንቱ ፡፡ ወይእዜሰ ፡ አአኵቶ ፡ እስመ ፡ በእንተ ፡ ዘጐ
የይኩ ፡ ወነበርኩ ፡ ውስተ ፡ ግብየ ፡ ረከብኩ ፡ ምክንያተ ፡ ተመይጠ
*19 v°. ትየ ፡ ፍጽምት ፡ ኀበ ፡ ፈ*ጣሪየ ፡ ወከመ ፡ አሐሊ ፡ ዘኢሐለይኩ ፡ ቅድ
መ ፡ ወአእምር ፡ ጽድቀ ፡ ዘያስተፌሥሐ ፡ ለነፍስየ ፡ ዓቢየ ፡ ፍሥሐ ፡፡
ወበአማን ፡ እብሎ ፡ ለእግዚአብሔር ፡ ደለወኒ ፡ ዘአሕመምከኒ ፡ ከመ ፡
አእምር ፡ ኵነኔከ ፡ እስመ ፡ ለበውኩ ፡ ጥቀ ፡ እንዘ ፡ ሀሎኩ ፡ ባሕቲትየ ፡
ውስተ ፡ ግብየ ፡ እምዘለበውኩ ፡ ሶበ ፡ ሀሎኩ ፡ ምስለ ፡ መምህራን ፡፡ ወ
ዘሰ ፡ ጸሐፍኩ ፡ ዝየ ፡ ንስቲት ፡ ጥቀ ፡ ውእቱ ፡ ወነበርኩ ፡ ውስተ ፡
ግብየ ፡ እንዘ ፡ እሔሊ ፡ ብዙኃ ፡ ዘይመስሎ ፡ ለዝንቱ ፡፡ ወእሴብሖ ፡ ለእ
ግዚአብሔር ፡ ዘወሀበኒ ፡ ጥበበ ፡ ወአለብዎ ፡ ምስጢራተ ፡ ፍጥረት ፡
ወነፍስየ ፡ ተሰሐብ ፡ ኀቤሁ ፡ ወትሜንን ፡ ኵሎ ፡ እንበለ ፡ ሐልዮ ፡ በግ
ብረ ፡ እግዚአብሔር ፡ ወበእንተ ፡ ጥበቡ ፡፡ ወጸለይኩ ፡ ኵሎ ፡ ዓሚረ ፡

[1] In ms. primo ገበር scriptum, quod in ገበረ emendatum est

በስፉሕ ፡ ልብየ ፡ በመዝሙረ ፡ ዳዊት ፡ እስመ ፡ ዝንቱ ፡ ጸሎት ፡ ይበቍዓኒ ፡ ጥቀ ፡ ወያሴዕል ፡ ሕሊናየ ፡ ኀበ ፡ እግዚአብሔር ። ወለእመ ፡ እረክብ ፡ በመዝሙረ ፡ ዳዊት ፡ ዘኢይሰነዓው ፡ ምስለ ፡ ሕሊናየ ፡ አነ ፡ እተረጕሞ ፡ ወእስተሰነዓዎ ፡ በአእምሮትየ ፡ ወኵሉ ፡ ይሤኒ ፡ ሊተ ። ወሶበ ፡ እጼሊ ፡ ከመዝ ፡ ይፈደፍድ ፡ ትውክልትየ ፡ በእግዚ*አብሔር ። [* 20 r°.] ወእብል ፡ ዘልፈ ፡ አጽምዓኒ ፡ እግዚኦ ፡ ጸሎትየ ። ወኢትትኃየየኒ ፡ ስእለትየ ። አድኅነኒ ፡ እምትዕግልተ ፡ እኩለ ፡ እመሕያው ፡ አንተ ፡ እግዚኦ ፡ ኢታርኅቅ ፡ ሣህለከ ፡ እምኔየ ። ምሕረትከ ፡ ወጽድቅከ ፡ ዘልፈ ፡ ይርከባኒ ። ወኢይትኃፈር ፡ እግዚኦ ፡ እስመ ፡ ጸዋዕኩከ ። ከመዝ ፡ እዜምር ፡ ለስምከ ፡ ለዓለም ። ከመ ፡ ተሀበኒ ፡ ተምኔትየ ፡ ኵሎ ፡ ዓሚረ ። ነጽር ፡ ላዕሌየ ፡ ወተሣሃለኒ ። ሀበ ፡ ኃይለ ፡ ለገብርከ ። ወአድኅኖ ፡ ለወልደ ፡ አመትከ ፡ ግበር ፡ ምስሌየ ፡ ትእምርቶ ፡ ለሠናይ ። በእንተ ፡ ስምከ ፡ ምርሐኒ ፡ ወሴስየኒ ። ኢትስሐባ ፡ ምስለ ፡ ኃጥአን ፡ ለነፍስየ ፡ ለትኩን ፡ ምሕረትከ ፡ ላዕሌየ ። በከመ ፡ ላዕሌከ ፡ ተወከልኩ ። ዘይሰማዕ ፡ ግበር ፡ ሊተ ፡ ምሕረተከ ፡ በጽባሕ ። ዕቀበኒ ፡ ወአብጽዓኒ ፡ ዲበ ፡ ምድር ፡ ወኢታብዓኒ ፡ ውስተ ፡ እደ ፡ ጸላእትየ ፡ አስምዓኒ ፡ ትፍሥሕተ ፡ ወሐሤተ ፡ ወኢታስተሐፍረኒ ፡ እምተስፉየ ፡ እሙንቱሰ ፡ ይረግሙ ፡ አንተ ፡ ባርክ ። ወያእምሩ ፡ ከመ ፡ እዴከ ፡ ይእቲ[1] ፡ ዛቲ ። ዘንተ ፡ ወዘይመስሎ ፡ እጼሊ ፡ በኵሉ ፡ ልብየ ፡ መዓልተ ፡ ወሌሊተ ።

**ክፍል ፡ ፲ ።** ወጸሎትሰ ፡ ዘእጼሊ ፡ *ነግሀ ፡ ወሠርከ ፡ ከመዝ ፡ ውእቱ ፡ [* 20 v°.] እሰግድ ፡ ለከ ፡ አፈጣሪየ ፡ ወዓቃቢየ ፡ ወአፈቅረከ ፡ በኵሉ ፡ ልብየ ። ወአአኵተከ ፡ በእንተ ፡ ሠናያት ፡ ዘገበርከ ፡ ሊተ ፡ በዛቲ ፡ ሌሊት ፡ ወሰርከሰ ፡ እብል ፡ በዛቲ ፡ መዓልት ፡ ዕቀበኒ ፡ ዓዲ ፡ በዛቲ ፡ መዓልት ። ወሠርከሰ ፡ እብል ፡ በዛቲ ፡ ሌሊት ፡ አለብወኒ ፡ በዛቲ ፡ ዕለት ፡ ወበኵሉ ፡ መዋዕለ ፡ ሕይወትየ ፡ ከመ ፡ አእምር ፡ ፈቃደከ ፡ ላዕሌየ ፡ ወእፌጽሞ ፡ ወኅድግ ፡ ሊተ ፡ ኃጣውእየ ፡ ሀበኒ ፡ ኵሎ ፡ ዓሚረ ፡ ዘየአክል ፡ ለመፍቅዳተ ፡ ሕይወት ፡ ወአጽንዓኒ ፡ ዘልፈ ፡ በተአምኖ ፡ ብከ ፡ ኦእግዚእየ ፡ በእንተ ፡ ኂሩትከ ፡ ወበእንተ ፡ ኃይልከ ፡ ወበእንተ ፡ ዕበየ ፡ ዚአከ ፡ አድኅነኒ ፡ እምንዴት ፡ ወእምእድ ፡ ወእምልሳነ ፡ ሰብእ ፡ ወእምደዌ ፡ ሥጋ ፡ ወእምኅዘነ ፡ ነፍስ ። ወእምዝ ፡ እጼሊ ፡ በመዝሙር ፡ ዘ፴ ኪያከ ፡ ተወከልኩ ። ወሐለይኩ ፡ ወእቤ ፡ ይደልወኒ ፡ እግበር ፡ ወእፃሙ ፡ በኵሉ ፡ ክሂሎትየ ፡ ለረኪበ ፡ ኵሎን ፡ መፍቅዳተ ፡ ሕይወትየ ፡ ወኢይበቍዓኒ ፡ ጸሎት ፡ ባሕቲቱ ። ዳዕሙ ፡ እስመ ፡ ኢየአምር ፡ ተግባረ ፡ እበውዕ ፡ በኃይለ ፡ እግዚአብሔር ፡ ተግባርየሰ ፡ እንበለ ፡ በረከትከ ፡ እግ

[1] Vox sec. man. add. supra lineam.

*21 r°. ዚአ ፡ ኢይበቍዓኒ ፡ ወኢምን*ተኒ ። ወአንተ ፡ ባርከ ፡ ለሕሊናየ ፡
ወለተግባርየ ፡ ወለንብረትየ ፡ ወሀበኒ ፡ ንዋየ ፡ ወፍሥሐ ፡ በፍና ፡
ዘአንተ ፡ ተአምር ፡ ወትፈቅድ ፡ ሚጥ ፡ ልበ ፡ ሰብእ ፡ እለ ፡ ሀለዉ ፡
ምስሌየ ፡ ለገቢር ፡ ሠናየ ፡ ሊተ ፡ እስመ ፡ ኵሉ ፡ ይከውን ፡ በፈ
ቃድከ ፡ ቡሩክ ፡ ወአሠኒ ፡ ሊተ ፡ አመ ፡ ርስዕየ ። ወአእመርኩ ፡ ከመ ፡
ልብነ ፡ ዘልፈ ፡ ውስተ ፡ እደ ፡ እግዚአብሔር ። ወይትከሐሎ ፡ ለእግዚአ
ብሔር ፡ ይረስየነ ፡ ብፁዓነ ፡ ወፍሡሐነ ፤ ወለእመኒ ፡ ሀሎነ ፡ ማእከለ ፡
ምንዳቤ ፡ ወንዴት ፡ ወሕማም ። ወዓዲ ፡ ይትከሐሎ ፡ ይረስየነ ፡ ሕሡራነ ፡
በማእከለ ፡ ብዕል ፡ ወኵሉ ፡ ፍግዓዝ ፡ ዓለም ። ወበእንተዝ ፡ ንሬኢ ፡ ኵ
ሎ ፡ ዓሚረ ፡ ነዳያነ ፡ ወምንዱባነ ፡ እንዘ ፡ ይትዋነዩ ፡ በፍሥሐ ፡ ልበሙ ።
ወብዑላንሰ ፡ ወነገሥት ፡ ይቴክዙ ፡ ወየኃሥሩ ፡ በማእከለ ፡ ብዕሎሙ ፡
ወብዝኃ ፡ ፍትወቶሙ ፡ ወእንዘ ፡ ንሕነ ፡ ኢንፈቅድ ፡ ኀዘነ ፡ ይሠርቅ ፡
ውስተ ፡ ልብነ ፡ እንበለ ፡ ናእምር ፡ ምክንያተ ፡ ሠሬቆቱ ። ወይደልወነ ፡
ንጸሊ ፡ ኀበ ፡ እግዚአብሔር ፡ ከመ ፡ ያስምዓነ ፡ ትፍሥሕተ ፡ ወሐሤ
ተ ፡ ወያብጽዓነ ፡ ዲበ ፡ ምድር ። እስመ ፡ እግዚአብሔር ፡ ያሠርቅ ፡
*21 v°. *በርሀ ፡ ለጻድቃን ፡ ወለርቱዓነ ፡ ልብ ፡ ትፍሥሕተ ፡ ወውእቱ ፡ የአም
ር ፡ ወይመልክ ፡ ኵሎ ፡ ፍናወ ፡ ልብነ ፡ ወይክል ፡ ይረስየነ ፡ ፍሡሐነ ፡
ውስተ ፡ ምንዳቤነ ፡ ወትኩዛነ ፡ ውስተ ፡ ሠናያቲነ ። እስመ ፡ ፍሥሐ ፡
ወኀዘን ፡ ኢይበጽሐነ ፡ በከመ ፡ ይመስሎሙ ፡ ለሰብእ ፤ አላ ፡ በከመ ፡ ያሰ
ምዓነ ፡ እግዚአብሔር ። ወእቤ ፡ አንተ ፡ እግዚእየ ፡ ወፈጣሬየ ፡ አስም
ዓኒ ፡ ትፍሥሕተ ፡ ወሐሤተ ፡ ወአብፅዓኒ ፡ እስከ ፡ አመ ፡ ሀሎኩ ፡ ዲበ ፡
ምድር ። ወእምድኅረ ፡ ሞትየ ፡ ሰደኒ ፡ ኀቤከ ፡ ወአጽግበኒ ፡ እምኔከ ።
ወነበርኩ ፡ እጼሊ ፡ ከመዝ ፡ መዓልተ ፡ ወሌሊተ ፡ ወአነክር ፡ ስነ ፡ ፍጥ
ረታተ ፡ እግዚአብሔር ፡ በበሥርዓቶሙ ፡ እንስሳ ፡ ወአራዊተ ፡ ገዳም ።
እሙንቱሰ ፡ በጠባይዓ ፡ ፍጥረቶሙ ፡ ይሰሐቡ ፡ ኀበ ፡ ዓቂበ ፡ ሕይወቶሙ ፡
ወአዝልፎ ፡ ዘርአሙ ። ወዓዲ ፡ ዕፀወ ፡ ገዳም ፡ ወሣዕር ፡ በዓቢይ ፡ ጥ
በብ ፡ ዘተፈጥሩ ፡ ይበቍሉ ፡ ይለመልሙ ፡ ወይጸግዩ ፡ ወያወጽኡ ፡ ፍሬ ፡
ዘርአሙ ፡ በበነገዶሙ ፡ እንበለ ፡ ስሕተት ፡ ወይመስሉ ፡ ዘበሙ ፡ ነፍስ ።
ወዓዲ ፡ አድባርኒ ፡ ወቆላት ፡ አፍላግኒ ፡ ወአንቅዕተ ፡ ማያት ፡ ኵሉ ፡
*22 r°. ግ*ብርከ ፡ ይሴብሖ ፡ ለስምከ ፡ እግዚኦ ፡ ወጥቀ ፡ ተሰብሐ ፡ ስምከ ፡ በ
ኵሉ ፡ ምድር ፡ ወበሰማይኒ ፡ ጥቀ ፡ ዓቢይ ፡ ግብረ ፡ እደዊከ ፡ ዝንቱ ፡
ፀሐይ ፡ ነቅዓ ፡ ብርሃን ፡ ወነቅዓ ፡ ሕይወተ ፡ ዓለም ፡ ወርኃኒ ፡ ወከዋ
ክብትኒ ፡ ዘለሊከ ፡ ሣረርከ ፡ ዘኢይስሕቱ ፡ በፍኖቶሙ ፡ ዘአንተ ፡ ሠራ
ዕከ ፡ ሎሙ ፡ ወመኑ ፡ የአምር ፡ ኍልቆሙ ፡ ለከዋክብት ፡ ወርኅቀቶሙ ፡
ወዕበዮሙ ፡ እንዘ ፡ ይመስሉነ ፡ ደቂቀ ፡ በእንተ ፡ ርኅቀቶሙ ፡ ወደመ
ናትኒ ፡ ዘያውኅዙ ፡ ማያተ ፡ አብቋልያነ ፡ ልምላሜ ። ኵሉ ፡ ዓቢይ ፡

ወመንክር ፡ ወኵሉ ፡ በጥበብ ፡ ተፈጥረ ። ወነበርኩ ፡ ከመዝ ፡ ፲፯ዓመተ ፡
እንዘ ፡ አነክር ፡ ወእሴብሖ ፡ ለፈጣሪ ። ወሐለይኩ ፡ ወእቤ ፡ ጥቀ ፡
ሠናይ ፡ ግብረ ፡ እግዚአብሔር ፡ ወዕሙቅ ፡ ሕሊናሁ ፡ ወዘኢይትነበብ ፡
ጥበቢሁ ፡ ወእፎ ፡ እንከ ፡ ሰብእ ፡ ንዑስ ፡ ወምስኪን ፡ ይሔሱ ፡ ወይቤ ፡
ተፈነውኩ ፡ እምኀበ ፡ እግዚአብሔር ፡ ከመ ፡ እክሥት ፡ ለሰብእ ፡ ጥበ
በ ፡ ወጽድቀ ፡ ወኢይከሥት ፡ ለነ ፡ እንበለ ፡ ከንቱ ፡ ወምናኔ ፡ ወዘግ
ዕዙ ፡ ትሑት ፡ ጥቀ ፡ እምሕሊና ፡ በዘጸገወነ ፡ ፈጣሪነ ፡ ንለቡ ፡ ዕበዮ ፡
ወእቤ ፡ አንሰ ፡ ነዳይ ፡ ወምስኪን ፡ አነ ፡ በቅድሜከ ፡ እግዚ*አ ፡ አለ * 22 v°.
ብወኒ ፡ ዘይደልወኒ ፡ አእምር ፡ በእንቲአከ ፡ ከመ ፡ አንክር ፡ ዕበየ ፡
ዚአከ ፡ ወእሰብሕከ ፡ ኵሎ ፡ ዓሚረ ፡ ስብሐተ ፡ ሐዲሰ ።

**ክፍል ፡ ፲ወ፩ ።** ወበ፲፻ወ፮፻ወ፳ወ፬ዓመት ፡ እምልደተ ፡ ክርስ
ቶስ ፡ ሞተ ፡ ሱስንዮስ ፡ ንጉሥ ፡ ወነግሠ ፡ ወልዱ[1] ፡ ፋሲለደስ ፡ ሀየንቴሁ ፡
ወውእቱሰ ፡ አፍቀሮሙ ፡ ቅድመ ፡ ለፍራንጅ ፡ በከመ ፡ አቡሁ ፡ ወባሕቱ ፡
ኢሰደዶሙ ፡ ለግብጻውያን ፡ ወኮነ ፡ ሰላም ፡ ውስተ ፡ ኵሉ ፡ በሐውርተ ፡
ኢትዮጵያ ። አሜሃ ፡ ወጻእኩ ፡ እምግብየ ፡ ወሖርኩ ፡ ቅድመ ፡ በሐው
ርተ ፡ አምሐራ ፡ ወድኅረ ፡ ዓደውኩ ፡ ቤገምድር ፡ ወለኵሎሙ ፡ ጸላእተ ፡
ፍራንጅ ፡ መሰልክዎሙ ፡ ፩እመነከሳት ፡ ዘጐዪ ፡ በመዋዕለ ፡ ሱስንዮስ ።
ወበእንተዝ ፡ አፍቀሩኒ ፡ ወወሀቡኒ ፡ መብልዓ ፡ ወልብሰ ። ወእንዘ ፡ አሐ
ውር ፡ ከመዝ ፡ እምሀገር ፡ እስከ ፡ ሀገር ፡ ኢፈቀድኩ ፡ እትመየጥ ፡
ኀበ ፡ አክሱም ፡ እስመ ፡ አእመርኩ ፡ እከዮሙ ፡ ለካህናቲሃ ። ወተዘከር
ኩ ፡ ከመ ፡ እምኀበ ፡ እግዚአብሔር[2] ፡ ይጸንዕ ፡ ሑረቱ ፡ ለሰብእ ። ወ
እቤ ፡ ምርሐኒ ፡ እግዚኦ ፡ ፍኖተ ፡ እንተ ፡ ባቲ ፡ አሐውር ፡ ወብሔረ ፡
እንተ ፡ ቦቱ ፡ እነብር ። ወሐለይኩ ፡ እዕዱ ፡ ወእንበር* ፡ ውስተ ፡ ም * 23 r°.
ድረ ፡ ጐዣም ፡ ወባሕቱ ፡ እግዚአብሔር ፡ መርሐኒ ፡ ኀበ ፡ ኢሐለይኩ ።
ወበ፩እመዋዕል ፡ በጻሕኩ ፡ ብሔረ ፡ እንፍራዝ ፡ ኀበ ፡ ፩ብእሲ ፡ ባዕል ፡
ዘስሙ ፡ ሀብቱ ፡ ዘውእቱ ፡ ሀብተ ፡ እግዚአብሔር ፡ ወነበርኩ ፡ ሀየ ፡
፩ዕለተ ፡ ወበሣኒታ ፡ ሰአልኩ ፡ እምኔሁ ፡ ቀለመ ፡ ወሰሌዳ ፡ ከመ ፡
እፈኑ ፡ ጦማረ ፡ ኀበ ፡ አዝማድየ ፡ ዘበአክሱም ። ወዝንቱ ፡ ብእሲ ፡ ይቤ
ለኒ ፡ ጸሐፊኑ ፡ አንተ ። ወእቤሎ ፡ እወ ፡ ጸሐፊ ፡ አነ ፡ ወአውሥአ ፡
ወይቤለኒ ፡ ንበር ፡ ምስሌየ ፡ ሕዳጠ ፡ መዋዕለ ፡ ወጸሐፍ ፡ ሊተ ፡ መዝ
ሙረ ፡ ዳዊት ፡ ወእሁበከ ፡ ዓስበከ ፡ ወእቤሎ ፡ አሆ ። ወውስተ ፡ ልብ
የ ፡ አእኰትክዎ ፡ ለእግዚአብሔር ፡ ዘአርአየኒ ፡ ፍና ፡ በዘእሴሰይ ፡
ፍሬ ፡ ፃማየ ። እስመ ፡ ጸላእኩ ፡ እትመየጥ ፡ ኀበ ፡ ሊቅናየ ፡ ዘቀዲሙ ፡
ወኢይፈቅድ ፡ እምሀር ፡ ሐሰተ ፡ ወለእመ ፡ እምሀር ፡ ጽድቀ ፡ ኢይሰም

[1] Ms. ″ዱ. — [2] Vox sec. man. add. supra lineam.

ፍቁር ፡ እንበለ ፡ ዝንቱ ፡ ብእሴ ፡ እግዚአብሔር ፡ እግዚእየ ፡ ሀብቱ ፡ ወውሉዱ ፡ ወብእሲትየ ፡ ወኢየኃድጎሙ ፡ ለግሙራ ፡ አንትሙሰ ፡ ንበሩ ፡ በሰላም ። ወሊተ ፡ ኢይከውነኒ ፡ እትመየጥ ፡ ኀቤከሙ ። ወዝንቱ ፡ መድልው ፡ ፀርየ ፡ ወልደ ፡ ዮሐንስ ፡ ዘአስተዋደየኒ ፡ ቅድመ ፡ ኀበ ፡ ንጉሥ ፡ ሱስንዮስ ፡ እምድኅረ ፡ ሖረ ፡ አቡነ ፡ እፎንስ ፡ ተመይጠ ፡ ኀበ ፡ * 26 r°. ሃይማኖተ ፡ ግብጻውያን ። ወባሕቱ ፡ አልቦቱ ፡ ሃይማ*ኖት ፡ እንበለ ፡ ዘይኄይስ ፡ ለጊዜሁ ። ወበብዝኃ ፡ ጽልሑቱ ፡ ሖረ ፡ ወኮነ ፡ ፍቁሮ ፡ ለንጉሥ ፡ ፋሲለደስ ፡ እስመ ፡ ነገሥት ፡ ያፈቅሩ ፡ ጽልሕዋነ ፡ ወመድልዋነ ፡ ወሰሚዖ ፡ ወልደ ፡ ዮሐንስ ፡ ከመ ፡ አነ ፡ ሀሎኩ ፡ በሰላም ፡ ውስተ ፡ ብሔረ ፡ እንፍራዝ ፡ አኀዘ ፡ ያስተዋድየኒ ፡ ካዕበ ፡ እንዘ ፡ ይብል ፡ መምህረ ፡ ፍራንጅ ፡ ውእቱ ፡ ዘይሜህር ፡ በኅቡዕ ፡[1] ትምህርተ ፡ ፍራንጅ ፡ ወነገሮ ፡ ዘንተ ፡ ለሥዩመ ፡ እንፍራዝ ። ወአንሰ ፡ ተከዘኩ ፡ ጥቀ ፡ በእንተ ፡ ጽልሑቱ ፡ እስመ ፡ ቅድመ ፡ ይቤ ፡ በእንቲአየ ፡ ፀሮሙ ፡ ለፍራንጅ ፡ ውእቱ ፡ ወድኅረ ፡ ይቤ ፡ ፍቁሮሙ ፡ ውእቱ ። ወበኀዘነ ፡ ልብየ ፡ እቤ ፡ ይሠርዖን ፡ እግዚአብሔር ፡ ለከናፍረ ፡ ጕህሉት ፡ ወጸለይኩ ፡ ብዙኃ ፡ መዋዕለ ፡ በመዝሙር ፡ ዘ፴ወ፬ግፍዖሙ ፡ ወዘ፻ወ፰እግዚኦ ፡ ኢትጸመመኒ ፡ ወእግዚአብሔር ፡ ሰምዓኒ ፡ እስመ ፡ ዝኩ ፡ ብእሲ ፡ ተሠይመ ፡ ላዕለ ፡ ብዙኃት ፡ አድባራት ፡ ደምብያ ፡ ወሰብኡ ፡ ጸልዕዎ ፡ ወቀተልዎ ፡ ወተረክበ ፡ በድኑ ፡ ውስተ ፡ ቤቱ ፡ ወኢተረክበ ፡ ቀታሊሁ ፡ ወነኪር ፡ አኀዘ ፡ ሢመቶ ፡ ወንዋዮ ።

**ክፍል ፡ ፲፫ ።** ወበ፲፻ወ፮፻ወ፴ወ፭ዓመት ፡ እምልደተ ፡ ክርስቶስ ፡ * 26 v°. ኮነ ፡ ረኃብ ፡ ዓቢይ ፡ ውስተ ፡ *ኵሉ ፡ በሐውርተ ፡ ኢትዮጵያ ፡ ወጸንዓ ፡ መቅሠፍት ፡ በእንተ ፡ ኃጣውአ ፡ ሕዝብነ ፡ ወበእንተ ፡ ኃጢአ ፡ ፍቅረ ፡ ቢጽ ፡ እስመ ፡ እለ[1] ፡ ተወከፉ ፡ ሃይማኖተ ፡ ንጉሥ ፡ ሱስንዮስ ፡ ወአቡነ ፡ እፎንስ ፡ ሰደዱ ፡ ቅድመ ፡ ወቀተሉ ፡ አኃዊሆሙ ፡ እለ ፡ ኢተወከፉ ፡ ሃይማኖቶሙ ፡ ወእለ ፡ ተሰዱሰ ፡ ፈደዮሙ ፡ ድኅረ ፡ ለአጽራሪሆሙ ፡ ምስብዒተ ፡ ወቀተሉ ፡ ብዙኃነ ፡ ወበኵሎሙ ፡ ተዓውቀ ፡ ክሡተ ፡ ከመ ፡ አልቦ ፡ ፈሪሃ ፡ እግዚአብሔር ፡ ቅድመ ፡ አዕይንቲሆሙ ፡ ወኢያእመርዋ ፡ ለፍኖተ ፡ ሰላም ። ወበከንቱ ፡ ተብህሉ ፡ ክርስቲያነ ፡ እስመ ፡ ኢየሱስ ፡ ክርስቶስ ፡ እምቅድመ ፡ ኵሉ ፡ ወላዕለ ፡ ኵሉ ፡ ይኤዝዞሙ ፡ ለክርስቲያን ፡ ፍቅረ ፡ በበይናቲሆሙ ። ወዝንቱ ፡ ተፋቅሮሰ ፡ ጠፍአ ፡ ፍጹመ ፡ ማእከለ ፡ እለ ፡ ተብህሉ ፡ ክርስቲያነ ፡ ወኵሎሙ ፡ ይኤብሱ ፡ በአኃዊሆሙ ፡ ወይትዋኃጡ ፡ በበይናቲሆሙ ፡ ከመ ፡ ብልዓተ ፡ እክል ። ወፋሲለደስ ፡ ወጠነ ፡ ይንግሥ ፡ በሠናይ ፡ ምክር ፡ ወበጥበብ ፡ ወባሕቱ ፡

[1] Vox add. supra lineam.

ኢጸንዓ ፡ በሠናይ ፡ አላ ፡ ኮነ ፡ ንጉሠ ፡ ዓማፄ ፡ ወጸንዓ ፡ በዓመፃሁ ፡ ወበከዲወ ፡ ደም ፡ ወለፍራንጅኒ ፡ ዘገብሩ ፡ ሎቱ ፡ ሠናየ ፡ ወሐነፁ ፡ *ሎቱ ፡ *27 r°. ማኅፈዳተ ፡ ወአብያተ ፡ ሠናያተ ፡ ወአሠነዩ ፡ መንግሥቶ ፡ በኵሉ ፡ ግብረ ፡ ጥበብ ፡ ጼልዮሙ ፡ ወሰደዶሙ ፡ ወፈደዮሙ ፡ እኪተ ፡ ህየንተ ፡ ሠናይት ፡ ወውእቱ ፡ ፋሲለደስ ፡ ኮነ ፡ ገባሬ ፡ እከይ ፡ በኵሉ ፡ ወቀተለ ፡ ሰብአ ፡ እንበለ ፡ ፍትሕ ፡ ወአብዝኃ ፡ ገዘሙተ ፡ ወቀተሎን ፡ ለአንስት ፡ እምድኅረ ፡ ዘመወ ፡ ምስሌሆን ፡ ወፈነወ ፡ ሠራዊቶ ፡ ገበርተ ፡ ዓመፃ ፡ ወሄዱ ፡ በሐውርተ ፡ ወአብያተ ፡ ነዳያን ። እስመ ፡ እግዚአብሔር ፡ ወሀበሙ ፡ ለሕዝብ ፡ እኩያን ፡ ንጉሠ ፡ እኩየ ። ወበእንተ ፡ ኃጢአተ ፡ ንጉሥ ፡ ወሕዝብ ፡ መጽአ ፡ መቅሠፍተ ፡ ረኃብ ። ወእምድኅረ ፡ ረኃብ ፡ ኮነ ፡ ብድብድ ፡ ወብዙኃን ፡ ሞቱ ፡ ወካልአን ፡ ፈርሁ ፡ ወአክ ፡ ለድኅኒን ። እስመ ፡ ጸንዑ ፡ በዕበዶሙ ፡ ወበጽልዮሙ ፡ ወመንፈቆሙ ፡ ይቤሉ ፡ በእንተ ፡ ዘሰደድክምዎ ፡ ለአቡነ ፡ አፎንስ ፡ መጽአ ፡ መቅሠፍተ ፡ እግዚአብሔር ፡ ላዕሌነ ፡ ወካልኣን ፡ ይቤሉ ፡ በእንተ ፡ ዘክህድክምዋ ፡ ቅድመ ፡ ለሃይማኖት ፡ ርትዕት ፡ ወአርኰስክምዋ ፡ ለቤተ ፡ ክርስቲያን ፡ በእንተዝ ፡ መጽአ ፡ መቅሠፍት ፡ ወተናፈቁ ፡ በበይናቲሆሙ ፡ ወተበዓሱ ፡ ወኢያእመሩ ፡ ከመ ፡ ይደልዎሙ ፡ መቅሠፍት ፡ በእንተ ፡ ዘነሠቱ ፡ ፍቅረ ፡ ቢጽ ፡ ወተዓ*ደዉ ፡ ሥርዓተ ፡ ጽድቅ ፡ ዘእግዚአብሔር ፡ ዘሠርዓ ፡ ለኵላ ፡ ፍጥረት ፡ *27 v°. በእንተ ፡ ሥርዓተ ፡ ሰብእ ፡ ወሠዓሩ ፡ ሕገ ፡ ጠባይዓዊተ ፡ በእንተ ፡ ሕገጋተ ፡ ሰብእ ፡ ዘከመዝ ፡ አው ፡ ከመዝ ፡ ሃይማኖት ። ወሠናየ ፡ ይቤሉ ፡ በእንቲአሆሙ ፡ ኢሳይያስ ፡ ወወንጌል ፡ ዝሕዝብ ፡ በአፉሆሙ ፡ ያከብሩኒ ፡ ወበልበሙሰ ፡ ነዋኃ ፡ ይርኅቁ ፡ እምኔየ ፡ ወከንቶ ፡ ያመልኩኒ ፡ እንዘ ፡ ይሜህሩ ፡ ትምህርተ ፡ ሥርዓታተ ፡ ሰብእ ። ወካዕበ ፡ ዮሐንስ ፡ ይቤ ፡ ዘሰ ፡ ይብል ፡ ውስተ ፡ ብርሃን ፡ ሀሎኩ ፡ ወይጸልእ ፡ ለቢጽ ፡ ሐሳዊ ፡ ውእቱ ፡ ወውስተ ፡ ጽልመት ፡ ሀሎ ፡ እስከ ፡ ዮም ፡ ወዘሰ ፡ ያፈቅር ፡ ቢጾ ፡ ውስተ ፡ ብርሃን ፡ ይነብር ፡ ወአልበ ፡ ዕቅፍት ፡ በኀቤሁ ። ወዘሰ ፡ ይጸልዕ ፡ ቢጾ ፡ ውስተ ፡ ጽልመት ፡ የሐውር ፡ ወኢየአምር ፡ ኀበ ፡ የሐውር ፡ እስመ ፡ ጽልመት ፡ አዖሮ ፡ አዕይንቲሁ ፡ ወዝንቱ ፡ ትንቢት ፡ ተፈጸመ ፡ በሰብአ ፡ ብሔርነ ፡ ወኢየአምሩ ፡ ኀበ ፡ የሐውሩ ፡ ወይትበአሱ ፡ በእንተ ፡ ሃይማኖታቲሆሙ ፡ እስመ ፡ ኢየአምሩ ፡ ዘየአምኑ ፡ ወውስተ ፡ ጽልመት ፡ ይነብሩ ። ወንሕነሰ ፡ እምድኅረ ፡ ኀልቀ ፡ ወርቅነ ፡ እመ ፡ ረኃብ ፡ ሜጥነ ፡ *አልህምቲነ ፡ ወአልባሲነ ፡ ወስብሐት ፡ ለእግዚአብሔር ፡ ኢርኅብነ ፡ በከመ *28 v°. ፡ ካልአን ፡ ዳዕሙ ፡ በላዕነ ፡ ወአብላዕነ ፡ ርኁባነ ፡ ወሕሙማነ ፡ ፪ዓመተ ፡ ዘኮነ ፡ ረኃብ ፡ ወብድብድ ፡ ወኢሐመምነ ፡ ወተፈጸመ ፡ ብነ ፡ ዘይቤ ፡ ኢይትኃፈሩ ፡ በመዋዕል ፡ እኩያት ፡ ወይጸግቡ ፡ በመዋዕለ ፡ ረኃብ ፡ ወአእኰትናሁ ፡ ለእግዚአብሔር ፡ ዘገብረ ፡ ለነ ፡ ሠናያተ ፡ ዘአልበ ፡ ኍልቍ ።

ብሐርኒ ፡ ወተባረኩ ፡ በበረከተ ፡ አቡሆሙ ፡ ወኢአክሎሙ ፡ ቤቶሙ ፡ በእንተ ፡ ብዝኃ ፡ አልህምቲሆሙ ፡ ወመንፈቆሙ ፡ ወረዱ ፡ ውስተ ፡ ቆላ ፡ ኀበ ፡ እዝማገደ ፡ እሞሙ ፡ ወነበሩ ፡ ህየ ። ናሁ ፡ ከመዝ ፡ ይትባረክ ፡ ብእሲ ፡ ዘይፈርሆ ፡ ለእግዚአብሔር ። ይባርከነ ፡ እግዚአብሔር ፡ በበረከተ ፡ አቡየ ፡ ሀብቱ ፡ ወበበረከተ ፡ መምህርየ ፡ ዘርአ ፡ ያዕቆብ ፡ እስመ ፡ አረጋዊ ፡ አነ ፡ ጥቀ ፡ ወርዘውኩሂ ፡ ወረሣእኩ ። ጻድቀሰ ፡ ዘይትገደፍ ፡ ኢርኢኩ ፡ ወዘርኡሂ ፡ ኢይጼነስ ፡ እክለ ፡ ወውስተ ፡ በረከት ፡ ይሄሉ ፡ ለዓለመ ፡ ዓለም ። ወአነ ፡ ወልደ ፡ ሕይወት ፡ ዘተሰመይኩ ፡ ምትኩ ፡ ወሰኩ ፡ ዘንተ ፡ ንስቲተ ፡ ላዕለ ፡ መጽሐፈ ፡ መምህርየ ፡ ከመ ፡ ታእምሩ ፡ ደኃሬቶ ፡ ሠናየ ። ወበእንተ ፡ ጥበብየሰ ፡ ዘአለበወኒ ፡ እግዚአብሔር ፡ ወዘመሀረኒ ፡ ⌈ዘርዐ ፡ ያዕቆብ ፡ ፶ወ፱ዐመተ ፡ ናሁ ፡ ጸሐፍኩ ፡ እነሂ ፡ ካልአ ፡ መጽሐፈ ፡ ለአእምሮ ፡ ወለተገሥጾ ፡ ለኵሉ ፡ ውሉደ ፡ ኢትዮጵያ ። የሀበሙ ፡ እግዚአብሔር ፡ ልቡና ፡ ወጥበበ ፡ ወፍቅረ ፡ ወይባርክሙ ፡ ለዓለመ ፡ ዓለም ፡ አሜን ።

ተፈጸመ ፡ ዛቲ ፡ መጽሐፍ[1] ።

[1] Voces scriptae in margine inferiore.

# ሐተታ ፡ ወልደ ፡ ሕይወት[1] ።

[ክፍል ፡ ፩ ።] በስመ ፡ እግዚአብሔር ፡ ፈጣሬ ፡ ኵሉ ፡ ወአኃዜ ፡ *31 r°. ኵሉ ፡ ወዓቃቤ ፡ ኵሉ ፡ ወመጋቤ ፡ ኵሉ ፡ ዘሀሎ ፡ ወይሄሉ ፡ እምቅድመ ፡ ዓለም ፡ ወእስከ ፡ ለዓለም ፡ ፍጹም ፡ ሀላዌ ፡ ባሕቲቱ ፡ ወአልበ ፡ ጽንፍ ፡ ለዕበየ ፡ ዚአሁ ፡ እጽሕፍ ፡ መጽሐፈ ፡ ጥበብ ፡ ወሐተታ ፡ ወፍልስፍና ፡ ወተግሣጽ ፡ ዘደረሰ ፡ አሐዱ ፡ ዓቢይ ፡ መምህረ ፡ ብሔርነ[2] ፡ ዘስሙ ፡ ወልደ ፡ ሕይወት ፡ በረከተ ፡ አምላኩ ፡ ወአለብዎ ፡ ምሥጢራቲሁ ፡ ለፈጣሪነ ፡ ስቡሕ ፡ ወዓቂበ ፡ ሕገጋቲሁ ፡ ጽዱቃት ፡ የሀሉ ፡ ምስለ ፡ ኵሎሙ ፡ ውሉደ ፡ ኢትዮጵያ ፡ እምይእዜ ፡ ወእስከ ፡ ለዓለም ፡ አሜን ። ሰማዕከሙ ፡ ዘተብህለ ፡ ለቀደምት ፡ ወስክ ፡ ለጠቢብ ፡ ምክንያተ ፡ ወውእቱ ፡ ይዌስክ ፡ ጥበበ ፡ ወአነሂ ፡ ሐለይኩ ፡ እጽሐፍ ፡ ዘአለበወኒ ፡ እግዚአብሔር ፡ በኍኃ ፡ መዋዕለ ፡ ሕይወትየ ፡ ወዘኀተትኩ ፡ በርትዓ ፡ ልቡናየ ፡ ከመ ፡ ዝንቱ ፡ መጽሐፍ ፡ ይኩን ፡ መርሐ ፡ ለተግሣጽ ፡ ወለአእምሮ ፡ ለውሉድነ ፡ እለ ፡ ይመጽኡ ፡ ድኅሬነ ፡ ወይኩኖሙ ፡ ምክንያተ ፡ ለጠቢባን ፡ ከመ ፡ ይኅትቱ ፡ ወይለብዉ ፡ ውስተ ፡ ግብረ ፡ እግዚአብሔር ፡ ወይወስኩ ፡ ጥበበ ፡ ላዕለ ፡ ጥበቦሙ ። ወአንሰ ፡ ኢይጽ*ሕፍ ፡ ዘሰማዕኩ ፡ እምአፈ ፡ ሰብእ ፡ ወኢተወከፍኩ ፡ እምትምህር *31 v°. ታተ ፡ ሰብእ ፡ ወኢምንተኒ ፡ እንበለ ፡ ዘኀተትኩ ፡ ወአእመርኩ ፡ ይኩን ፡ ሠናየ ፡ ዳዕሙ ፡ እጽሕፍ ፡ ዘይመስለኒ ፡ ጽድቀ ፡ እምድኅረ ፡ ሐተትክዎ ፡ ወለበውክዎ ፡ በቅድመ ፡ እግዚአብሔር ፡ ዘሰአልክዎ ፡ በብዙኅ ፡ ጸሎት ፡ ወአስተብቍዖ ፡ ከመ ፡ ያርእየኒ ፡ ጽድቀ ፡ ወያለብወኒ ፡ ምሥጢረ ፡ ወፍና ፡ እንተ ፡ ቦቱ ፡ ፈጠረ ፡ ሰብአ ፡ ለባዌ ፡ ወአንበሮ ፡ ማእከለ ፡ ካልአት ፡ ፍጥረታት ፡ ዘሀለዋ ፡ ውስተ ፡ ዝንቱ ፡ ዓለም ። ኦአኀውየ ፡ ዘታነብቡ ፡ ለዝንቱ ፡ መጽሐፍየ ፡ እእምር ፡ ከመ ፡ አነሂ ፡ ጸሐፍክዎ ፡ በዓቢይ ፡ ፍርሐተ ፡ እግዚአብሔር ፡ ዘይከልአኒ ፡ አሐሱ ፡ ለግሙራ ። ወባሕቱ ፡ አልብየ ፡ ፍርሐተ ፡ ሰብእ ፡ ወኢየኃፍር ፡ ገጾሙ ፡ ወኢምንተኒ ፡ ወኢየኃብር ፡ በምንትኒ ፡ ግብር ፡ ምስለ ፡ እለ ፡ ይጽሕፉ ፡ ወይሜህሩ ፡ ከንቶ ፡ ወሐሰተ ። ወለእመ[ቦ] ፡ ዘይብሉኒ ፡ አንተኑ ፡ ባሕቲትከ ፡ አእመርካሃ ፡ ለጽድቅ ፤ ወኵሉ ፡ ኢያእመርዋ ፡ እንበሌከ ። እብሎሙ ፡ አኮ ፡ አነ ፡ ባሕቲትየ ፡ ዘአእመርክዋ ፡ ለጽድቅ ፡ አላ ፡ ብዙኃን ፡ አእመርዋ ፡ ወአፍቀርዋ ፡ ከማየ ። ወባሕቱ ፡ *ኢደፈሩ ፡ ከመ ፡ ይምሀ *32 r°.

[1] Inscriptionem addidi. — [2] Prima manu መምህር ፡ ዘብ″.

ርዋ ፡ ክሡተ ፡ እስመ ፡ ፈርሁ ፡ ጽርፈተ ፡ ሰብእ ፡ ጽሉማን ፡ ወስደተ ፡ እማኅበሮሙ ፡ ግሩም ። ወዘተርፉ ፡ ሰብእሰ ፡ ኢያእመርዋ ፡ እስመ ፡ ኢኃሠሥዋ ፡ ወኢኅተቱ ፡ ከመ ፡ ይለብዉ ፡ ዘኮነ ፡ ጽድቀ ፡ ወዘኮነ ፡ ሐሰተ ፡ ወተወከፉ ፡ ወአምኑ ፡ በዘሰምዑ ፡ እምቀደምቶሙ ፡ እንበለ ፡ ሐተታ ። ወበይነ ፡ ዝንቱ ፡ ውሉደ ፡ ክርስቲያን ፡ ኮኑ ፡ ክርስቲያነ ፡ ወውሉደ ፡ እስላም ፡ ኮኑ ፡ እስላመ ። ወውሉደ ፡ አይሁድ ፡ ኮኑ ፡ አይሁደ ፡ ወአልቦ ፡ ካልእ ፡ ምክንያት ፡ ለሃይማኖቶሙ ፡ እንበለ ፡ ዝንቱ[1] ፡ እስመ ፡ ውሉደ ፡ አበዊሆሙ ፡ እሙንቱ ። ወሰምዑ ፡ አመ ፡ ንዕሶሙ ፡ ከመ ፡ ሃይማኖተ ፡ አበዊሆሙ ፡ ጽድቅ ፡ ውእቱ ። ወአምኑ ፡ በቱ ፡ እንበለ ፡ ይሕትትዎ ፡ ወያእምርዎ ። ወኵሎሙ ፡ ይትጋደሉ ፡ በእንተ ፡ ሃይማኖቶሙ ፡ እንዘ ፡ ይብሉ ፡ ጽድቅ ፡ ውእቱ ። ወባሕቱ ፡ ኢይትከሀል ፡ ኵሎሙ ፡ ሃይማኖታተ ፡ ሰብእ ፡ ይኩኑ ፡ ጽዱቃነ ። እስመ ፡ ይትቃረኑ ፡ በበይናቲሆሙ ፡ ወከመሰ ፡ ይኩኑ ፡ ኵሎሙ ፡ ሕሰዋነ ፡ ዝንቱ ፡ ይትከሐል ፡ እስመ ፡ ሐሰት ፡ ብዙኅ ፡ ውእቱ ፡ ወጽድቅሰ ፡ አሐቲ ፡ ይእቲ ፡ ባሕቲታ ።

* 32 v°. ***ክፍል ፡ ፪ ።** ኵሉ ፡ ጽድቅ ፡ ወኵሉ ፡ ጥበብ ፡ እምኀበ ፡ እግዚአብሔር ፡ ወእንበለ ፡ እግዚአብሔር ፡ ይሰጠም ፡ ኵሉ ፡ ጥበብ ። ወከመ ፡ ፀሐይ ፡ መሠረተ ፡ ብርሃን ፡ ከማሁ ፡ እግዚአብሔር ፡ መሠረተ ፡ ጥበብ ። ወከመ ፡ መንፈስ ፡ ነቅዓ ፡ ሕይወት ። ከማሁ ፡ እግዚአብሔር ፡ ነቅዓ ፡ ኵሉ ፡ ጽድቅ ፡ ወዘኢየሐሊ ፡ በእንተ ፡ እግዚአብሔር[2] ፡ ሕሊና ፡ ንጹሐ ፡ ወንጡፈ ፡ እምኵሉ ፡ ግዘፈዝ ፡ ዓለም ፡ ኢይረክብ ፡ ጥበበ ፡ ወኢይክል ፡ ይለብዋ ፡ ለጽድቅ ። አልዕል ፡ ኦእኍየ ፡ ሕሊናከ ፡ ኀበ ፡ ዝንቱ ፡ ሀላዌ ፡ ፍጹም ፡ ዘፈጠረከ ፡ ለባዌ ። ወነጽር ፡ ኀቤሁ ፡ በዓይነ ፡ ልቡናከ ። ወለቡ ፡ ውስተ ፡ ብርሃነ ፡ አእምሮ ፡ ዘያርእየከ ፡ ፈጣሬከ ። ወኢትስማዕ ፡ ቃሎሙ ፡ ለእለ ፡ ይጸርፉከ ፡ ወይብሉከ ፡ ከሐዴ ፡ ፈጣሬ ፡ ሰበ ፡ ገደፍከ ፡ ትምህርቶሙ ፡ ዘይሜህሩከ ፡ እስመ ፡ እሙንቱኒ ፡ ኢያእመርዎ ፡ ለፈጣሬ ፡ ወአልቦ ፡ ጥበብ ፡ በኀቤሆሙ ። ወአንተሰ ፡ ኢትእመን ፡ ወኢምንተኒ ፡ እምዘመሀሩከ ፡ ሰብእ ፡ እንበለ ፡ ለሊከ ፡ ትሕትት ፡ ኵሎ ፡ ዘመሀሩከ ፡ ወትፍልጥ ፡ ጽድቀ ፡ እምሐሰት ፡ እስመ ፡ ሰብእ ፡ ይክሉ ፡ * 33 r°. የሐስዉ ፡ ወኢተአምር ፡ ለእመ ፡ መሀሩከ ፡ *ጽድቀ ፡ ወሚመ ፡ ሐሰተ ። ወከማሁ ፡ ኢትእመን ፡ ወኢምንተኒ ፡ እምዘ ፡ ተጽሕፈ ፡ ውስተ ፡ መጻሕፍት ፡ እንበለ ፡ ዘሐተትከሙ ፡ ወረከብከሙ ፡ ጽዱቃነ ። እስመ ፡ ለመጻሕፍትኒ ፡ ጸሐፍዎሙ ፡ ሰብእ ፡ ዘይክሉ ፡ ይጽሐፉ ፡ ሐሰተ ። ወአንተሰ ፡ ለእመ ፡ ሐተትከሙ ፡ ለመጻሕፍት ፡ ፍጡነ ፡ ትረክብ ፡ በሙ ፡

[1] Vox add. supra lineam. — [2] Ms. : ሕግ″.

ጥበበ ፡ ሕሱመ ፡ ዘኢይሰነዓው ፡ ምስለ ፡ ልቡናነ ፡ ዘወሀበነ ፡ እግዚአብሔር ፡ ለኃሢሠ ፡ ጽድቅ ፡ ወባሕቱ ፡ አንሰ ፡ ኢይብለከ ፡ ኵሎሙ ፡ ሰብእ ፡ ወኵሎሙ ፡ መጻሕፍት ፡ ይሔስዉ ፡ ዘልፈ ፡ አላ ፡ እብለከ ፡ ይክሉ ፡ የሐስዉ ። ወበእንተዝ ፡ ኢተአምር ፡ ለእመ ፡ ይነቡ ፡ ጽድቀ ፡ ወሚመ ፡ ሐሰተ ፡ እንበለ ፡ ለሊከ ፡ ትሕትት ፡ ዘተብህለ ፡ ወዘተጽሕፈ ፡ ከመ ፡ ታእምር ፡ ጥዩቀ ፡ ዘይደልወከ ፡ ትእመን ፡ ወትለቡ ፡ ውስተ ፡ ግብረ ፡ እግዚአብሔር ፡ እስመ ፡ ሐተታ ፡ አንቀጽ ፡ ውእቱ ፡ በዘንበውእ ፡ ኀበ ፡ ጥበብ ፡ ወልቡናሰ ፡ ውእቱ ፡ መርኆ ፡ ዘወሀበነ ፡ እግዚአብሔር ፡ ከመ ፡ ናርኁ ፡ ዘንተ ፡ አንቀጸ ፡ ወንባእ ፡ ውስተ ፡ ጽርሐ ፡ ምሥጢራቲሁ ፡ ወንጸገው ፡ እመዝገበ ፡ ጥበቡ ፡ ይደልወነ ፡ እንከ ፡ ንሕትት ፡ ኵሎ ፡ *ዘይ [* 33 v°.] ሜህሩነ ፡ ሰብእ ፡ ወዘተጽሕፈ ፡ ውስተ ፡ መጻሕፍት ። ወለእመኒ ፡ ንረክብ ፡ ጽድቀ ፡ ንትወከፉ ፡ በትፍሥሕት ፡ ወበሐሤት ፡ ወለሐሰትሰ ፡ ንኅድጋ ፡ ወናግኅሣ ፡ እምኔነ ፡ እንበለ ፡ ምሕረት ። እስመ ፡ ሐሰት ፡ ኢኮነ ፡ እምእግዚአብሔር ፡ እምላከ ፡ ጽድቅ ፤ አላ ፡ እምስሕተት ፡ አው ፡ እምጽልሑት ፡ ሰብእ ።

**ክፍል ፡ ፫ ።** መሠረተ ፡ ኵሉ ፡ ሃይማኖት ፡ ወኵሉ ፡ ጥበብ ፡ ወኵሉ ፡ ጽድቅ ፡ ዝንቱ ፡ ውእቱ ፡ ከመ ፡ ንእመን ፡ እስመቦ ፡ እግዚአብሔር ፡ ፈጣሬ ፡ ኵሉ ፡ ወመጋቤ ፡ ኵሉ ፡ ሀላዌ ፡ ፍጹም ፡ ወኢውሱን ፡ ዘሀሎ ፡ ወዘይሄሉ ፡ ለኵሉ ፡ ዓለም ። ወበዝንቱ ፡ አሚን ፡ የኃብሩ ፡ ኵሎሙ ፡ መምህራን ፡ ሰብእ ፡ ወመጻሕፍተ ፡ ኵሎሙ ፡ በሐውርት ። ወለነሂ ፡ ይደልወነ ፡ ንእመን ፡ በቱ ፡ ወለእመ ፡ ነሐትቶ ፡ ያጤይቀነ ፡ ልቡናነ ፡ ከመ ፡ ጽድቅ ፡ ውእቱ ፡ ወኢይክል ፡ ይኩን ፡ ሐሰተ ። እስመ ፡ ንሕነሰ ፡ ዘሀሎነ ፡ ዮም ፡ ወትማልም ፡ ኢሀለውነ ፡ ወጌሠም ፡ ንጠፍእ ፡ ፍጡራን ፡ ንሕነ ፡ ወከመዝ ፡ ኵሉ ፡ ዘንሬኢ ፡ ውስተ ፡ ዝንቱ ፡ ዓለም ፡ ኃላፊ ፡ ውእቱ ፡ ወፍጡር ፡ ወእንበ*ለ ፡ ፈጣሪሰ ፡ እፎ ፡ ይትከሀል ፡ [* 34 r°.] ከዊነ ፡ ፍጡር ። እስመ ፡ ኵላ ፡ ፍጥረት ፡ ውስንት ፡ ይእቲ ፡ ወድከምት ፡ ወአልባ ፡ ኃይል ፡ ለፈጢር ፡ እምኀበ ፡ አልቦ ፡ ወኢምንትኒ ። ወበእንተዝ ፡ ይትፈቀድ ፡ ከዊነ ፡ አሐዱ ፡ ሀላዌ ፡ ዘሀሎ ፡ እምቅድመ ፡ ኵሉ ፡ ፍጥረት ፡ እንበለ ፡ ጥንት ፡ ወኢተፍጻሜት ፡ ዘፈጠረ ፡ እምኀበ ፡ አልቦ ፡ ኵሎ ፡ ዘኮነ ፡ ገሢፈ ፡ ወረቂቀ ፡ ዘያስተርኢ ፡ ወዘኢያስተርኢ ። ወእምድኅረ ፡ ፈጠረ ፡ ኵሎ ፡ ኢኀደጎ ፡ ለዘፈጠረ ፡ አላ ፡ የዓቅቦ ፡ ወይሜግቦ ፡ በከመ ፡ ይደሉ ፡ ለመፍቅዳተ ፡ ኵላ ፡ ፍጥረት ፡ ወይመርሆ ፡ ኵሎ ፡ በፍና ፡ እንተ ፡ ፈጠሮ ፡ ወአልቦ ፡ ስሕተት ፡ በኀቤሁ ፡ ዘፈጠረ ፡ ኵሎ ፡ በዓቢይ ፡ ጥበብ ፡ ወአንበረ ፡ ኵሎ ፡ በበጸታሁ ፡ በከመ ፡ ይደልዎን ፡ ለሊሉያት ፡ ፍጥረታት ፡ ወመርሐን ፡ በበፍናሆን ፡ በዘይትፌጸማ ፡ ቦቶን ፡ በኵሉ ፡ መዋዕለ ፡ ንብረቶን ፡ ወቅኔሆን ፡ ውስተ ፡ ውሳኔ ፡

ሥሩዕ ፡ በሕገ ፡ ፍጥረቶን ። ወኢትስማዕ ፡ ዘይብሉ ፡ አብዳን ፡ ኵሎ ፡ ዓሚረ ፡ ዝንቱ ፡ ወዝንቱ ፡ ኢኮነ ፡ ሠናየ ፡ ወእምኀየሰ ፡ ለእመ ፡ ኢተፈጥረ ። እስመ ፡ ኵሉ ፡ ዘገብረ ፡ እግዚአብሔር ፡ ሠናይ ፡ ውእቱ ፡ ጥቀ ፡ *34 v°. በፍኖ ፡ እንተ ፡ ገብሮ ፡ ወለኵላ ፡ ፍጥ*ረት ፡ ላቲ ፡ በቍዔት ፡ ዘይደልወነ ፡ ንኅሥሥ ፡ ለበቍዔተ ፡ ዚአነ ፡ እስመ ፡ እግዚአብሔር ፡ ፈጠረ ፡ ኵሎ ፡ ባቍዓ ፡ ወረበበ ፡ ቅድመ ፡ አዕይንተ ፡ ሰብእ ፡ ከመ ፡ ይኅሥሡ ፡ ወይለብዉ ፡ ጥበበ ፡ በዘተፈጥረ ፡ ወይርከቡ ፡ ረባሐ ፡ ዘተሠይመ ፡ ቦቱ ፡ በእንቲአሆሙ ። ወእስፍንቱ ፡ ነገር ፡ ዘመሰሉ ፡ ብጡላነ ፡ ለቀደምት ፡ ወእምድኅሬሆሙ ፡ ተረክቡ ፡ በቋዕያነ ፡ ወእስፍንቱ ፡ ለነሂ ፡ ይመስሉነ ፡ ብጡላነ ፡ ወእምድኅሬነ ፡ ይትረከብ ፡ በቍዔቶሙ ፡ ወከመዝ ፡ ኵሉ ፡ ተፈጥረ ፡ ለበቍዔተ ፡ ሰብእ ፡ አው ፡ ለአስተዛንዮ ፡ ዝንቱ ፡ ዓለም ፡ ማኅደሩ ፡ ለዘየዓቢ ፡ እምኵሎን ፡ ፍጥረታት ፡ ዘውእቱ ፡ ሰብእ ። እስመ ፡ ሰብእ ፡ ተለዓለ ፡ እምኵላ ፡ ፍጥረተዝ ፡ ዓለም ፡ ወይቀርብ ፡ በልቡናሁ ፡ ኀበ ፡ አምሳለ ፡ ፈጣሪሁ ፡ ወኵሉ ፡ ዘሀሎ ፡ ውስተ ፡ ዝንቱ ፡ ዓለም ፡ ተፈጥረ ፡ ለአስተዛንዮ ፡ ማኅደሩ ፡ ለሰብእ ።

**ክፍል ፡ ፬** ። አመ ፡ እብለከ ፡ ሰብእ ፡ ኦእኍየ ፡ ለቡ ፡ ነፍሰ ፡ ሰብእ ፡ ወሀላዌሁ ፡ መንፈሳዌ ፡ ወባሕርዮ ፡ ረቂቀ ፡ ዘይሔሊ ፡ ወይሌቡ ። ወአከ ፡ ባሕርዮ ፡ ሥጋዌ ፡ እስመ ፡ ባሕርዩ ፡ ሥጋዊ ፡ መሬት ፡ ውእቱ ፡ *35 r°. ወኢይክል ፡ ገቢረ ፡ ወ*ኢምንተኒ ፡ ለባሕቲቱ ፡ አላ ፡ ይወድቅ ፡ ከመ ፡ ጕንድ ፡ ይቡስ ፡ ሶበ ፡ ወጽአት ፡ እምኔሁ ፡ ነፍስ ። ከመሰ ፡ ብነ ፡ ነፍስ ፡ መንፈሳዊት ፡ ወነባቢት ፡ ጥዩቅ ፡ ውእቱ ፡ እስመ ፡ ንሔሊ ፡ ወንሌቡ ፡ ወግዙፍ ፡ ፍጥረትሰ ፡ ዘሥጋነ ፡ ኢይክል ፡ የሐሊ ፡ ወይለቡ ፡ በከመ ፡ ይሔሊ ፡ ወይሌቡ ፡ ነፍስነ ፡ ውስተ ፡ ሥጋነ ። ወበእንተ ፡ ፍጥረት ፡ መንፈሳዊትሰ ፡ አሐዝብ ፡ ከመበ ፡ ካልአን ፡ መናፍስት ፡ ዘየአብዩ ፡ እምነፍሰ ፡ ሰብእ ። ወእሙንቱ ፡ መላእክት ፡ ወአጋንንት ። እስመ ፡ ኵሎሙ ፡ ሰብእ ፡ አምኑ ፡ ሀላዌሆሙ ፡ ወይሜኒ ፡ ከዊኖሙ ፡ ውስተ ፡ ፍጥረታተ ፡ እግዚአብሔር ። ወባሕቱ ፡ እስመ ፡ ኢያስተርእዩ ፡ ለነ ፡ ወልቡናነ ፡ ያረምም ፡ ላዕለ ፡ ዝንቱ ፡ አሚን ፡ ወኢያጤይቀነ ፡ ወኢምንተኒ ፡ በእንቲአሆሙ ፡ ኢንክል ፡ ናእምር ፡ ነገሮሙ ፡ ጥዩቀ ፡ ወባሕቱ ፡ ጥዩቅሰ ፡ ለነ ፡ ከመበ ፡ መናፍሰት ፡ ዘይንዕሱ ፡ እምነፍሰ ፡ ሰብእ ፡ ዘውእቶሙ ፡ ነፍሳተ ፡ እንስሳ ፡ ወአራዊት ። ወበእንቲአሆሙኒ ፡ እስመ ፡ እንስሳ ፡ ወአራዊት ፡ ኢይትናገሩ ፡ በልሳነ ፡ ሰብእ ፡ ኢንክል ፡ *35 v°. ናእምር ፡ ስፍሐ ፡ ሕሊና*ሆሙ ፡ ለዘከመዝ ፡ መናፍስት ። ወለእመ ፡ በሙ ፡ አእምሮ ፡ ፈጣሪሆሙ ፡ አው ፡ አልበሙ ፤ ሊተሰ ፡ ይመስለኒ ፡ ዘአልበሙ ፡ ልቡና ። ወበእንተዝ ፡ ነፍሰ ፡ እንስሳ ፡ ወአራዊት ፡ ይትሌለይ ፡ በኵሉ ፡ እምነፍሰ ፡ ሰብእ ፡ ወበከመ ፡ ሕይወተ ፡ እንስሳ ፡ ወአራ

ዊት ፡ ይትሌዓል ፡ ውስተ ፡ መዓርጋተ ፡ ፍጥረት ፡ እምሕይወተ ፡ አብቍልት ፡ ወዕፀው ፡ ዘኢያንስሐስሑ ፡ አላ ፡ ይትወለዱ ፡ ወይልህቁ ፡ ወይመውቱሂ ፡ ትኩላነ ፡ ውስተ ፡ ፩መካን ፡ ከማሁ ፡ ነፍሰ ፡ ሰብእ[1] ፡ ትትሌዓል ፡ እምነፍሰ ፡ እንስሳ ። ወተሠይመት ፡ በቀዳሚ ፡ መዓርግ ፡ እመዓርጋተ ፡ ፍጥረት ፡ ቅርብት ፡ ጥቀ ፡ ለፈጣሬ ። ወዓዲ ፡ ኢነአምር ፡ ለእመ ፡ ነፍሰ ፡ እንስሳ ፡ ወአራዊት ፡ ከነት ፡ መዋቲተ ፡ አው ፡ ኢመዋቲተ ። ነፍሰ ፡ ሰብእሰ ፡ ኢመዋቲት ፡ ይእቲ ። እስመ ፡ ልቡናሃ ፡ ሀላዌሃ ፡ ወልቡናሃሰ ፡ ለነፍስነ ፡ ማዕዘረ ፡ ብርሃን ፡ ውእቱ ፡ ዘወጽአ ፡ እምሀላዌ ፡ እግዚአብሔር ፡ ፈጣሬ ፡ ወኢይጠፍእ ፡ አላ ፡ ይገብዕ ፡ ኀቤሁ ፡ ወኢይትከሐል ፡ ማስኖቱ ፡ ለግሙራ ። ወበእንተዝ ፡ ሕይወት ፡ ዘለዓለም ፡ መፍቅደ ፡ ነፍስ ፡ ነባቢት ፡ ውእቱ ። *ወእንበለዝ ፡ ኵሉ ፡ *36 r°. ሀልዎተ ፡ ሰብእ ፡ ከንቶ ፡ ይከውን ፡ ወምትሐት ፡ ወእግዚአብሔር ፡ እምከነ ፡ መስተሣልቀ ፡ ወአከ ፡ ጠቢበ ፡ በፍጥረተ ፡ ሰብእ ። ይደልወነ ፡ እንከ ፡ ንእመን ፡ እንበለ ፡ ኑፋቄ ፡ ከመ ፡ ነፍስነ ፡ ኢመዋቲት ፡ ይእቲ ። ወበከመ ፡ ወጽአት ፡ ብርሀተ ፡ እምሕጽነ ፡ ፈጣሪሃ ፡ ከማሁ ፡ ትገብዕ ፡ ኀቤሁ ፡ እምድኅረ ፡ ዝንቱ ፡ ንብረት ። እስመ ፡ ልቡናነ ፡ ያጤይቀነ ፡ ይኩን ፡ ከማሁ ፡ ወዝንቱ ፡ ትምህርት ፡ ያስተፌሥሕ ፡ ሕሊናነ ፡ ወያጸንዓነ ፡ በተስፋ ፡ ዘኢይማስን ፡ ወያሜኒ ፡ ኵሎ ፡ ንብረተነ ፡ ወይከውን ፡ መሠረተ ፡ ለኵሉ ፡ ምግባረ ፡ ሠናይ ፡ ወለኵሉ ፡ ጽድቅ ።

**ክፍል ፡ ፳ ።** ወበእንተሰ ፡ ዘተርፉ ፡ ትምህርታተ ፡ ሰብእ ፡ ወመጻሕፍት ፡ ኢይደልወነ ፡ ንእመኖሙ ፡ ፍጡነ ፡ እንበለ ፡ ሐተታ ፡ አላ ፡ ንትወከፎሙ ፡ በአእምሮ ፡ አምጣነ ፡ ንሬኢ ፡ ይሰነዓው ፡ ምስለ ፡ ልቡናነ ፡ እምድኅረ ፡ ብዙኅ ፡ ሐተታ ፡ ወዘውእቱኬ ፡ ልቡናነ ፡ ይከውነነ ፡ ስምዓ ፡ ከመ ፡ ይደልወነ ፡ ንእመን ፡ ቦቱ ፡ ወዘሰ ፡ ኢያጤይቀነ ፡ ልቡናነ ፡ ይኩን ፡ ጽድቀ ፡ ኢይደልወነ ። በእንተዝ ፡ [ኢ]ንበል ፡ በጕጕዓ ፡ ሐሰት ፡ ውእቱ ። እስመ ፡ ኢያእመርነ ፡ *ለእመ ፡ ከነ ፡ ጽድቀ ፡ ወሚመ ፡ *36 v°. ሐሰተ ፡ አላ ፡ ንበል ፡ በእንተ ፡ ዝንቱ ፡ ኢነአምሮ ፡ እስመ ፡ ኢነአምሮ ። ወለእመበ ፡ ዘይቤሉኒ ፡ በይነ ፡ ምንት[1] ፡ ኢተአምን ፡ ኵሎ ፡ ዘተጽሕፈ ፡ ውስተ ፡ መጻሕፍት ፡ በከመ ፡ አምኑ ፡ ቦቱ ፡ ሰብእ ፡ እለ ፡ ቀደሙነ ፡ እብሎሙ ፡ እስመ ፡ መጻሕፍት ፡ ተጽሕፉ ፡ በእደ ፡ ሰብእ ፡ ዘይክሉ ፡ ይጽሐፉ ፡ ሐሰተ ። ወዓዲ ፡ ለእመበ ፡ ዘይብሉኒ ፡ በይነ ፡ ምንት ፡ ኢተአምን ፡ እብሎሙ ፡ ንግሩኒ[2] ፡ አንትሙሰ ፡ በይነ ፡ ምንት ፡ ተአምኑ ፡ አንትሙ ። እስመ ፡ ኢይትፈቀድ ፡ ምክንያት ፡ ለኢአሚን ፡ ዳዕሙ ፡ ይትፈቀድ ፡ ለአሚን ። ወአንትሙሰ ፡ ምንተ ፡ ምክንያተ ፡ ረከብክሙ ፡ ከመ ፡

[1] Vox prima manu add. supra lineam. — [2] Ms. ነገ″.

ትእመኑ ፡ በኵሉ ፡ ዘተጽሕፈ ። ወአልብክሙ ፡ ምክንያት ፡ እንበለ ፡ ዝ
ንቱ ፡ ባሕቲቱ ፡ እስመ ፡ ሰማዕክሙ ፡ እምአፈ ፡ ሰብእ ፡ ከመ ፡ ዘተ
ጽሕፈ ፡ ጽድቅ ፡ ውእቱ ፡ ወኢትሌብዉኑ ፡ አንትሙ ። እስመ ፡ እሙ
ንቱኒ ፡ እለ ፡ ይቤሉክሙ ፡ ጽድቅ ፡ ውእቱ ፡ ዘተጽሕፈ ፡ ኢያእመሩ ፡
ለእመ ፡ ኮነ ፡ ጽድቀ ፡ ወሚመ ፡ ሐሰተ ፡ አላ ፡ በከመ ፡ አንትሙ ፡ ሰማዕ
*37 r°. ክሙ ፡ ዘንተ ፡ እምኔሆሙ ፡ ከማ*ሁ ፡ እሙንቱሂ ፡ ሰምዕዎ ፡ እምቀደም
ቲሆሙ ። ወከመዝ ፡ ኵሎሙ ፡ የአምኑ ፡ በቃለ ፡ ሰብእ ፡ ዘይክል ፡ ይ
ኩን ፡ ሐሰተ ፡ ወአኮ ፡ በቃለ ፡ እግዚአብሔር ፡ እስመ ፡ እግዚአብሔር ፡
ኢነገረክሙ ፡ እንበለ ፡ በቃለ ፡ ልቡናክሙ ። ወለእመበ ፡ ዘይብሉኒ ፡
አኮ ፡ ከመዝ ፡ አላ ፡ እግዚአብሔር ፡ ተናገረ ፡ ምስለ ፡ ሰብእ ፡ ወከሠ
ቶሙ ፡ ጽድቆ ። እብሎሙ ፡ እፎ ፡ ተአምሩ ፡ አንትሙሰ ፡ ከመ ፡ እግዚአ
ብሔር ፡ ተናገረ ፡ ምስለ ፡ ሰብእ ፡ ወከሠቶሙ ፡ ጽድቆ ፡ አኮኑ ፡ እስመ ፡
ከመዝ ፡ ሰማዕክሙ ፡ እምአፈ ፡ ሰብእ ፡ ዘኮኑክሙ ፡ ስምዓ ፡ በዘሰምዑ ፡
እሙንቱሂ ፡ እምአፈ ፡ ሰብእ ፡ ወዘልፈ ፡ ይደልወክሙ ፡ ትእመኑ ፡ በቃ
ለ ፡ ሰብእ ፡ ዘይክል ፡ ይኩን ፡ ሐሰተ ፡ ወአንትሙሰ ፡ ተአምኑ ፡ እንበለ ፡
ታእምሩ ፡ ለእመ ፡ ኮነ ፡ ጽድቀ ፡ ዘተአምኑ ፡ ወሚመ ፡ ሐሰተ ። ሕት
ቱ ፡ ወኢትበሉ ፡ በልብክሙ ፡ ንጻንዕ ፡ በሃይማኖትነ ፡ ዘኢይክል ፡ ይ
ኩን ፡ ሐሰተ ፡ ወአስተርክቡ ፡ ከመ ፡ ሰብእ ፡ ይኄስዉ ፡ በነገረ ፡ ሃይማ
ኖት ፡ እስመ ፡ ኢይሰነዓው ፡ ወኢምንተኒ ፡ ወኢያጤይቁነ ፡ በዘይደሉ ፡
*37 v°. ንእመን ፡ ወወደዩ ፡ ልበ ፡ *ሐታቴ ፡ ውስተ ፡ ኵሉ ፡ ኑፋቄ ። እስመ ፡
፩ይብለነ ፡ እመኑ ፡ በሃይማኖተ ፡ እስክንድርያ ። ወካልእ ፡ ይብለነ ፡ እ
መኑ ፡ በሃይማኖተ ፡ ሮም ። ወሣልስ ፡ ይብለነ ፡ እመኑ ፡ በሃይማኖተ ፡
እስላም ፡ መሐመድ ። ወለሰብእ ፡ ሀንድ ፡ በሙ ፡ ሌሉይ ፡ ሃይማኖት ።
ወለሰብአ ፡ ሐሞር ፡ ወለሰብአ ፡ ሳባ ፡ ወለካልአን ፡ ከማሁ ፡ ወዙሎሙ ፡
ይብሉ ፡ ሃይማኖትነ ፡ እምእግዚአብሔር ፡ ውእቱ ። ወእፎኑመ ፡ እግ
ዚአብሔር ፡ ጻድቅ ፡ በኵሉ ፡ ምግባሩ ፡ ይክል ፡ ይክሥት ፡ ፩ደ ፡ ሃይማ
ኖተ ፡ ለ፩ዱ ፡ ወካልአ ፡ ለካልኡ ፡ ወእፎኑመ ፡ ዝንቱ ፡ ኵሉ ፡ ሃይማ
ኖታት ፡ ሌሉያን ፡ ይከውኑ ፡ እምእግዚአብሔር ። ወአይ ፡ እምውስቴ
ቶሙ ፡ ይከውን ፡ ጽድቀ ፡ ዘይደልወነ ፡ ንእመን ፡ በቱ ፡ ንግሩኒ[1] ፡
ለእመ ፡ አእመርክሙ ፡ እስመ ፡ አንሰ ፡ ኢያእመርኩ ፡ ወከመ ፡ ኢይስ
ሐት ፡ በሃይማኖትየ ፡ ኢየአምን ፡ ወኢምንተኒ ፡ እንበለ ፡ ዘአርአየኒ ፡
እግዚአብሔር ፡ ውስተ ፡ ብርሃነ ፡ ልቡናየ ። ወለእመበ ፡ ዘይብሉኒ ፡
ለእመ ፡ ኢኮንከ ፡ አሜኔ ፡ ይረክበከ ፡ ዙነኔ ፡ እምኀበ ፡ እግዚአብሔር ፡
*38 r°. እብሎሙ ፡ እግዚአብሔርሰ ፡ ኢይክል ፡ የአዝዘኒ ፡ አሚ*ነ ፡ በሐሰት ፡

[1] Ms. ፡ ንገ ፡

ወኢይክል ፡ ይኩንኒ ፡ በእንተ ፡ ዘገደፍኩ ፡ ሃይማኖተ ፡ ዘኢይመስለኒ ፡ ጽድቀ ፡ እስመ ፡ ውእቱ ፡ ወሀበኒ ፡ ብርሃነ ፡ ልቡና ፡ ከመ ፡ እፍልጥ ፡ ሠናየ ፡ ወእኩየ ፡ ጽድቀ ፡ ወሐሰተ ። ወዝንቱ ፡ ብርሃነ ፡ ልቡና ፡ ኢያርእየኒ ፡ ወኢምንተኒ ፡ በእንተ ፡ እሉ ፡ ኵሎሙ ፡ ሃይማኖታተ ፡ ሰብእ ፡ ይኩኑ ፡ ጽዱቃነ ፡ ዳዕሙ ፡ ያጤይቀኒ ፡ ይኩኑ ፡ እምስሕተተ ፡ ሰብእ ፡ ወአኮ ፡ እምእግዚአብሔር ። ወበእንተዝ ፡ ገደፍክዎሙ ።

ክፍል ፡ ፳ ። ወባሕቱ ፡ ብውሀ ፡ ለኵሎሙ ፡ ለለ፩፩እለ ፡ ኢየኀብሩ ፡ ምስሌየ ፡ ይዕቀቡ ፡ ሃይማኖቶሙ ፡ ወይእመኑ ፡ በዘፈቀዱ ፡ ወይእመኑ ፡ በዘተጽሕፈ ፡ ውስተ ፡ መጻሕፍት ፡ እንዘ ፡ ይብሉ ፡ መጻሕፍት ፡ ተጽሕፉ ፡ በመንፈሰ ፡ እግዚአብሔር ፤ ወበእንተዝ ፡ ኢይክሉ ፡ የሐሱ ። ዳዕሙ ፡ ያእምሩ ፡ ዘከመዝ ፡ ምእመናን ፡ ከመ ፡ አነሂኬ ፡ እጽሐፍ ፡ ዘንተ ፡ መጽሐፈ ፡ ወይመስለኒ ፡ ዘብየ ፡ መንፈሰ ፡ እግዚአብሔር ፡ ዘይመርሐኒ ፡ ለጽሒፈ ፡ ጽድቅ ። ወዘያርኅቅ ፡ ኵሎ ፡ ሐሰተ ፡ እመጽሐፍየ ፡ እስመ ፡ እጽሕፍ ፡ እምድኅረ ፡ ሐተታ ፡ ጥንቁቅ ፡ ዘብዙኅ ፡ ዘመን ፡ ወእምድኅረ ፡ ጸሎት ፡ ወአንጽሖ ፡ ልብየ ፡ በቅ*ድመ ፡ እግዚአብሔር ፡ *38 v°. ወኢይጽሕፍ ፡ ምንተኒ ፡ ዘኢይሰነዐው ፡ ምስለ ፡ ልቡናነ ፡ እንበለ ፡ ዳዕሙ ፡ ዘሀሎ ፡ ውስተ ፡ ልበ ፡ ኵሎሙ ፡ ሰብእ ፡ ባሕቲቱ ። ወበእንተዝ ፡ ኢይክል ፡ ይኩን ፡ ሐሰተ ፡ ዘእጽሕፍ ፡ አነ ። ወዓዲ ፡ ኢይጽሕፍ ፡ ዘንተ ፡ መጽሐፈ ፡ ከመ ፡ አንብር ፡ ዕቅፍተ ፡ ለምእመናን ፡ አላ ፡ ከመ ፡ እሚጠሙ ፡ ለጠቢባን ፡ ወለልቡባን ፡ ኀበ ፡ ኅተታ ፡ በዘይኄሡ ፡ ወይርከቡ ፡ ጽድቀ ፡ እስመ ፡ ሐቲተ ፡ ኵሉ ፡ ሠናይ ፡ ጥበብ ፡ ውእቱ ፡ ወይሴብሖ ፡ ለፈጣሪነ ፡ ዘጸገወነ ፡ ነፍሰ ፡ ነባቢተ ፡ ወልቡና ፡ ሐታቴ ፡ ለዝንቱ ። ወአሚንሰ ፡ እንበለ ፡ ሐተታ ፡ ኢኮነ ፡ ፈቃደ ፡ እግዚአብሔር ፡ ወኢይሰነዓው ፡ ምስለ ፡ ጠባይዓ ፡ ለፍጥረት ፡ ለባዊት ። ወበእንተዝ ፡ ኢይደልወነ ፡ ንእመን ፡ በሃይማኖተ ፡ አበዊነ ፡ እንበለ ፡ ንሕትቶ ፡ ወናእምር ፡ ከመ ፡ ሃይማኖቶሙ ፡ ጽድቅ ፡ ውእቱ ፡ እስመ ፡ እግዚአብሔር ፡ ኢወሀበሙ ፡ ልቡና ፡ ለአበዊነ ፡ ባሕቲቶሙ ፤ አላ ፡ ለነሂ ፡ ወሀበነ ፡ ወዘየዓቢሂኬ ፡ እምኔሆሙ ። ወእፎ ፡ ነአምር ፡ ዘኮነ ፡ ጽድቀ ፡ ሃይማኖተ ፡ አበዊነ ፡ ለእመ ፡ ለሊነ ፡ ኢሐተትናሁ ፡ ወኢለበውናሁ ፡ እምጥንቱ ፡ እስከ ፡ ተፍጻሜቱ ። ወበእ*ንተዝ ፡ ይደልወነ ፡ ንሑር ፡ ዘልፈ ፡ በብርሃነ ፡ ልቡና ፡ *39 r°. ዘውእቱ ፡ ብርሃነ ፡ እግዚአብሔር ፡ ወዝንቱ ፡ ብርሃን ፡ ዘኢይሔሱ ፡ ያቀድም ፡ ያጠይቀነ ፡ ከመበ ፡ እግዚአብሔር ፡ ፈጣሬ ፡ ኵሉ ፡ ወአኃዜ ፡ ኵሉ ። ወይደልወነ ፡ ንእመን ፡ ቦቱ ፡ ወንስግድ ፡ ሎቱ ፡ በፍቅር ፡ ወበአንክሮ ፡ ወዓዲ ፡ ልቡናነ ፡ ይሜስክ ፡ አጠይቆ ፡ ከመ ፡ እግዚአብሔር ፡ ዘኵሎ ፡ ፈጠረ ፡ ኢኃደጋ ፡ ለፍጥረቱ ፡ እምድኅረ ፡ አውጽአ ፡ እምኀበ ፡ አልበ ። አላ ፡ በከመ ፡ ገብረ ፡ ኵሎ ፡ በዓቢይ ፡ ጥበብ ፡ ከማሁ ፡

የዓቅብ ፡ ኵሎ ፡ በዓቢይ ፡ ጥንቃቄ ፡ ወይሜግብ ፡ ኵሎ ፡ ወይመርሕ ፡ ኵሎ ፡ ወለኵሉ ፡ ይሔሊ ፡ ወለኵሉ ፡ ያሜኒ ፡ ወለነሰ ፡ ይደልወነ ፡ ናእኵቶ ፡ ዘልፈ ፡ በኵሉ ፡ ኃይለ ፡ ልብነ ፡ ወንትአመን ፡ በኂሩቱ ፡ ወንጸሊ ፡ ኀቤሁ ፡ መዓልተ ፡ ወሌሊተ ፡ ከመ ፡ ይዕቀበነ ፡ ወያሠኒ ፡ ለነ ፡ ወየሀበነ ፡ ኵሎን ፡ መፍቅዳተ ፡ ሕይወትነ ፡ ወያብርሀ ፡ ልቡናነ ፡ ለአእምሮ ፡ ፈቃዱ ፡ ቅዱስ ፡ ከመ ፡ ንግበሮ ፡ ወንፈጽሞ ፡ ጥንቁቀ ፡ በኵሉ ፡ መዋዕለ ፡ ቅኔነ ፡ ውስተ ፡ ዝንቱ ፡ ዓለም ። ወናስተብቍዖ ፡ በኀዘነ ፡ ልብነ ፡ ከመ ፡ *39 v°. ይስረይ ፡ ለነ ፡ ኀጣውኢነ ፡ ወይኅድግ ፡ ለነ ፡ አበሳነ ፡ *ዘገበርነ ፡ አመ ፡ ንዕስነ ፡ በኢያእምሮትነ ፡ ወንነስሕ ፡ ወንትመየጥ ፡ ወንቅረብ ፡ ኀቤሁ ፡ በሕሊናነ ፡ ንጹሕ ፡ እስመ ፡ ውእቱ ፡ ያፈቅረነ ። ወበእንተ ፡ ዘኮንኩ ፡ አነ ፡ ንዑሰ ፡ ወትሑተ ፡ ወሕሱመ ፡ በቅድሜሁ ፡ በእንተዝ ፡ ኢይሜንነኒ ፡ ፈጣሪየ ፡ እስመ ፡ ዕበየ ፡ ዚአሁ ፡ ዘአልቦ ፡ ጽንፍ ፡ የአክል ፡ ለኵሉ ፡ ለዓቢይ ፡ ወለንኡስ ፡ ወአልቦ ፡ ዕፄ ፡ እምንዑሳን ፡ ዕፄያተ ፡ ምድር ፡ ወአልቦ ፡ ዕፅ ፡ እምዕፀወ ፡ ገዳም ፡ ወአልቦ ፡ ሣዕር ፡ እምሣዕራተ ፡ ገራህት ፡ ዘእግዚአብሔር ፡ ኢይሔሊ ፡ ሎቱ ። ወእፎ ፡ ሊተኒ ፡ ለለባዊት ፡ ፍጥረት ፡ ዚአሁ ፡ ኢይሔሊ ፡ ዘልፈ ። ወበከመ ፡ ይምህር ፡ አብ ፡ ውሉደ ፡ ከማሁ ፡ ይምህረነ ፡ እግዚአብሔር ፡ ለፍጡራኒሁ ፡ ወውእቱሰ ፡ ኢይትዓፀብ ፡ ወኢምንትኒ ፡ እምብዝኃ ፡ ሕሊናት ፡ ወእምብዝኃ ፡ ምግብናሁ ፡ ለዝንቱ ፡ ዓለም ፡ እስመ ፡ ኵሉ ፡ ይከውን ፡ በሥምረቱ ፡ ብፅዕት ። ወይከል ፡ መግበተ ፡ ኅቡረ ፡ አእላፈ ፡ አእላፋት ፡ ወትእልፊተ ፡ አእላፋት ፡ ዓለማት ፡ እንበለ ፡ ይፃሙ ፡ ወእንበለ ፡ ይድክም ፡ ወመግበቶሙ ፡ ኮነ ፡ ከመ ፡ ወኢምንት ፡ በቅድሜሁ ።

*40 r°. **ክፍል ፡ ፯ ።** ወዓዲ ፡ ልቡናየ ፡ ያጤይቀኒ ፡ ከመ ፡ ነፍስየ ፡ *ተፈጥረት ፡ ለባዊተ ፡ ከመ ፡ ታእምሮ ፡ ለፈጣሪሃ ፡ ወትሰብሖ ፡ ወታእኵቶ ፡ በኵሉ ፡ ጊዜ ፡ ወትትቀነይ ፡ በቅኔ ፡ ዘሠርዓ ፡ ላቲ ፡ ፈጣሪሃ ። ወትኅሥሥ ፡ ወትለቡ ፡ ፈቃዶ ፡ በኵሉ ፡ ግብር ፡ ዘትገብር ፡ ወትግነይ ፡ ሎቱ ፡ እንበለ ፡ ሒስ ፡ እስከ ፡ አመ ፡ ትነብር ፡ ውስተ ፡ ዛቲ ፡ ንብረት ፡ ወውስተ ፡ ዝንቱ ፡ ሥጋ ። ወእምድኅረ ፡ ዛቲ ፡ ንብረትሰ ፡ ትትመየጥ ፡ ኀበ ፡ ፈጣሪሃ ፡ ወይሬስያ ፡ በከመ ፡ ሥምረቱ ፡ ልዕልት ፡ ወቡርክት ። ወአንሰ ፡ እስከ ፡ አመ ፡ ሀሎኩ ፡ ውስተ ፡ ዝንቱ ፡ ቅኔ ፡ ይደልወኒ ፡ እኅሥሥ ፡ ወአእምር ፡ ፈቃደ ፡ እግዚአብሔር ፡ ላዕሌየ ፡ ወእፈጽም ፡ ወአሠኒ ፡ ምግባርየ ። እስመ ፡ በእንተዝ ፡ ፈጠረኒ ፡ ለባዌ ። ወዓዲ ፡ እስመ ፡ እግዚአብሔር ፡ ኢፈጠረኒ ፡ ባሕቲትየ ፡ አላ ፡ አንበረኒ ፡ ምስለ ፡ ካልአን ፡ ፍጡራን ፡ ከማየ ፡ ዘኮኑ ፡ ዕሩያነ ፡ ምስሌየ ፡ ይደልወኒ ፡ እኅብር ፡ ምስሌሆሙ ፡ በተፋቅሮ ፡ ወበተራድኦ ፡ በበይናቲነ ፡ ወኢይደልወኒ ፡ እጽልዖሙ ፡ ወእግበር ፡ ምንተኒ ፡ እኩየ ፡ በላዕሌሆሙ ። እስመ ፡ አዘዘኒ ፡ እግዚአብሔር ፡

ከመ ፡ ኢትቀንይ ፡ ምስሌሆሙ ፡ ወአፍቅሮሙ ፡ ለአኃውየ ፡ ዘይትቀነዩ ፡ *ምስሌየ ፡ ወእርድኦሙ ፡ በኵሉ ፡ ክሂሎትየ ፡ በከመ ፡ አነሂ ፡ አፈቅድ ፡ *40 v°. ያፍቅሩኒ ፡ ወይርድኡኒ ፡ ኵሉ ፡ ሰብእ ፡ ወጥዩቀ ፡ ውእቱ ፡ ዝንቱ ፡ ትምህርት ፡ ልቡናኒ ፡ እስመ ፡ ሰብእ ፡ ኢይክል ፡ ይትወለድ ፡ ወይልህቅ ፡ ወይትቀነይ ፡ ባሕቲቱ ፡ እንበለ ፡ በተራድኦ ፡ ዘካልኣን ፡ ሰብእ ፡ ወከሡት ፡ ላዕለ ፡ ዝንቱ ፡ ፈቃደ ፡ ፈጣሪነ ፡ ዘአንበረ ፡ ሰብአ ፡ ውስተ ፡ ዝንቱ ፡ ቅኔ ፡ ከመ ፡ ይኅበሩ ፡ በበይናቲሆሙ ፡ ወይትፋቀሩ ፡ ወይትራድኡ ፡ ለረኪበ ፡ ኵሎን ፡ መፍቅዳተ ፡ ሕይወቶሙ ፡ በከመ ፡ ይትፌቀድ ፡ ለኵሉ ፡ ለለ፩፩ ። ወዝንቱ ፡ ሃይማኖት ፡ ዘይከሥት ፡ ለነ ፡ ልቡናነ ፡ የዓቢ ፡ እምኵሎን ፡ ምሥጢራት ፡ ኅቡዓት ፡ ዘኢይበቍዓ ፡ ወኢምንተኒ ፡ ለአሠንዮ ፡ ምግባራቲነ ፡ ወለፈጽሞ ፡ ባሕርየ ፡ ፍጥረትነ ፡ ንጽናዕ ፡ ቦቱ ፡ ወንረክብ ፡ ዕሤተ ፡ ብዙኃ ፡ በኅበ ፡ እግዚአብሔር ፡ ወበኅበ ፡ ሰብእ ።

**ክፍል ፡ ፳ ።** ዓቢይ ፡ ውእቱ ፡ ግብረ ፡ እግዚአብሔር ፡ ውስተ ፡ ኵሉ ፡ ፍጥረት ፡ ወፈድፋደ ፡ ዕሙቀ ፡ ሕሊናሁ ፡ ወዘኢይትነበብ ፡ ጥበበ ፡ ዚአሁ ፡ ወለነሰ ፡ ኢይትከሠት ፡ እንበለ ፡ ንስቲት ፡ ጥቀ ፡ እምክረ ፡ ዚአሁ ፡ ወ*ኢንክል ፡ ንለቡ ፡ በእንተ ፡ ኵሉ ፡ ፍናዊሁ ፡ በዘፈጠረ ፡ ወ *41 r°. መርሐ ፡ ኵሎን ፡ ፍጥረታቲሁ ፡ ወኢይደልወነ ፡ ንበሎ ፡ ለእግዚአብሔር ፡ ለምንት ፡ ከመዝ ፡ አው ፡ ከመዝ ፡ ገበርከ ፡ በከመ ፡ ልህኵት ፡ ኢይብሎ ፡ ለለብሐዊ ፡ ለምንት ፡ ገበርከኒ ፡ ከመዝ ፡ ከማሁ ፡ ኢይደልዋ ፡ ለፍጥረት ፡ ትበሎ ፡ ለፈጣሪሃ ፡ ለምንት ፡ ከመዝ ፡ ፈጠርከኒ ። ወለነሰ ፡ ይደልወነ ፡ ንስግድ ፡ ሎቱ ፡ ወለኵሉ ፡ ፍናዊሁ ፡ ቅዱሳን ፡ ዘኢንክል ፡ አእምሮቶሙ ፡ እስመ ፡ ልቡናነ ፡ ያጤይቀነ ፡ ከመ ፡ እግዚአብሔር ፡ ጠቢብ ፡ ውእቱ ፡ ወዘኢይትኀየጥ ፡ ምክሩ ፡ ወእስመ ፡ ገብረ ፡ ኵሎ ፡ በዓቢይ ፡ ጥበብ ፡ ይደልወነ ፡ ንእመን ፡ ወንትአመን ፡ ከመ ፡ ኵሉ ፡ ዘገብረ ፡ ሠናይ ፡ ውእቱ ፡ በከመ ፡ ይትፌቀድ ፡ ለአስተሣንዮ ፡ ዝንቱ ፡ ዓለም ፡ ወለፈጽሞ ፡ መፍትው ፡ ኵላ ፡ ፍጥረት ። ንሕነሰ ፡ ንሬኢ ፡ ብዙኃተ ፡ ፍጥረታተ ፡ ዘይመስሉ ፡ ብጡላተ ፡ ወሙሱናተ ፡ ወዘተገብራ ፡ እንበለ ፡ ምክር ፡ ወጥበብ ፡ ወዘአልቦ ፡ በቍዔት ፡ በፈጢሮቶሙ ፡ ወዝንቱ ፡ ከነ ፡ እስመ ፡ ኢነአምር ፡ ጥበበ ፡ ፈጣሬ ፡ ዘገብረ ፡ ኵሎ ፡ ይኩን ፡ ሠናየ ፡ *ወባቍዓ ፡ *41 v°. በፍና ፡ እንተ ፡ ፈጠሮ ። ወዓዲ ፡ ኢነአምር ፡ መፍትወ ፡ ፍጥረት ። ወለነሰ ፡ ይደልወነ ፡ ናንክሮ ፡ ወንሰብሖ ፡ ለፈጣሬ ፡ በኵሉ ፡ ግብሩ ፡ ወበዘሂ ፡ ኢነአምር ፡ ወናእኵቶ ፡ እስመ ፡ ፈጠረነ ፡ ወአንበረነ ፡ ማእከለ ፡ እሉ ፡ ፍጥረታት ፡ ሠናያት ፡ ወመንክራት ፡ ወረሰየነ ፡ ልዑላነ ፡ እምእላ ፡ ኵሎን ፡ ወጸገወነ ፡ ልቡና ፡ ወአእምሮ ፡ ዘኢጸገዎን ፡ ከማነ ፡ ለካልአት ፡ ፍጥረታት ፡ እንበሌነ ፡ ወረሰየነ ፡ ንኩን ፡ ሥዩማነ ፡ ወንንግሥ ፡ ላዕለ ፡ ኵላ ፡ ፍጥረት ፡ እመሰ ፡ እግዚአብሔር ፡ ኢፈጠረ ፡ ካልአ ፡ ነገረ ፡ እም

ትጠዊ ፡ ይፃምዋ ፡ ወካልእትሂ ፡ ዘተሰናሰላ ፡ ምስሌሃ ። በዘይቤሉ ፡ ነፍ
ሳተ ፡ ሰብእ ፡ መላእክት ፡ እሙንቱ ፡ ዘአበሱ ፡ በቅድመ ፡ እግዚአብሔ
ር ። ወበእንተዝ ፡ ይደልዎሙ ፡ ኵነኔ ፡ አምጣነ ፡ አበሳሆሙ ፡ ዘገብሩ ።
ወሥጋ ፡ ሰብእሰ ፡ ቤተ ፡ሞቅሐሙ ፡ በዘይትሞቀሑ ፡ ቦቱ ፡ እስከ ፡
አመ ፡ ይፌጽሙ ፡ ሀየ ፡ ንስሐሆሙ ። ወእግዚአብሔር ፡ ፈጠረ ፡ ምልእ
*44 v°. ፌተ ፡ አእላፍ ፡ መላእክት ፡ ይቤሉ ፡ ቀደ*ምት ፡ ጠቢባን ፡ ወእሙ
ንቱኒ ፡ መላእክት ፡ አበሱ ፡ በሕሊናሆሙ ፡ ወኮኑ ፡ ድልዋነ ፡ ኵነኔ ፡
ወበእንተዝ ፡ ይትሞቀሑ ፡ ውስተ ፡ ሥጋ ፡ ሰብእ ፡ እስከ ፡ አመ ፡ ይት
ፌጸም ፡ ንስሐሆሙ ፡ ወድኅረ ፡ ይትመየጡ ፡ ኀበ ፡ ፈጣሪሆሙ ፡ ወኀበ ፡
ቅኔሆሙ ፡ መንፈሳዊት ፡ ወለእመ ፡ ይኤብሱ ፡ ካዕበ ፡ ይትሞቀሑ ፡ ዳግ
መ ፡ ወእስከ ፡ አመ ፡ ሀለዉ ፡ ውስተ ፡ ሥጋ ፡ ሰብእ ፡ ኢይዜክሩ ፡ ምን
ተኒ ፡ በእንተ ፡ ንብረቶሙ ፡ ዘቀዳሚ ፡ ከመ ፡ ኢይስብሩ ፡ ሞቅሖሙ ፡
ወኢይቅትሉ ፡ ሥጋሆሙ ፡ በእንተ ፡ ፍቅረ ፡ ቀዳሚ ፡ ንብረቶሙ ። ወእ
ግዚአብሔርሰ ፡ ፈጠረ ፡ ሎቱ ፡ ለመልአክ ፡ አባሲ ፡ ዘንተ ፡ ሠናየ ፡ ቤ
ተ ፡ ሞቅሕ ፡ ዘውእቱ ፡ ሥጋ ፡ ሰብእ ፡ ወውእቱ ፡ መልአክ ፡ ሰበ ፡ ተ
ሞቅሐ ፡ ቦቱ ፡ ይመልዖ ፡ ሕይወተ ፡ እስከ ፡ አመ ፡ ይወጽእ ፡ እምኔሁ ፡
ወውእተ ፡ ዓሚረ ፡ ይትነሠት ፡ ቤተ ፡ ሞቅሑ ፡ ከመ ፡ ኢይኩን ፡ ለካል
ኡ ፡ በእንተ ፡ ክብሩ ፡ ለዘተሞቅሐ ፡ ቦቱ ። ወዓዲ ፡ እስመ ፡ አበሳ
ሆሙ ፡ ለመላእክት ፡ ኢኮነ ፡ ዕሩየ ፡ በኵሉ ፡ አላ ፡ አበሳ ፡ አሐዱ ፡ የዓቢ ፡
ወአበሳ ፡ ካልኡ ፡ ይንዕስ ፡ በእንተዝ ፡ ይትሞቀሑ ፡ ውስተ ፡ ሥጋ ፡ ሰ
*45 r°. ብእ ፡ አምጣነ ፡ *አበሳሆሙ ፡ ወአሐዱ ፡ ይነብር ፡ ውስተ ፡ ዝንቱ ፡
ሥጋ ፡ ኅዳጠ ፡ መዋዕለ ፡ ወካልኡ ፡ ብዙኃ ፡ ዓመታተ ። ወእለ ፡ በኅ
ዳጥ ፡ አበሱ ፡ ይትፈትሑ ፡ አው ፡ ይመውቱ ፡ በንዕሶሙ ፡ ወእለ ፡
በብዙኅ ፡ አበሱ ፡ ይመውቱ ፡ በውርዝቶሙ[1] ፡ አው ፡ በርስዖሙ ። ወእለ ፡
አፈድፈዱ ፡ አብሶ ፡ እምእሉ ፡ ወይወስኩ ፡ ዓዲ ፡ የአብሱ ፡ ወበዝንቱሂ ፡
ሕይወት ፡ እሙንቱኒ ፡ ይትሞቀሑ ፡ ብዙኃ ፡ ዓመታተ ፡ በእኩይ ፡ ንብ
ረት ፡ ወይከውን ፡ ዕድሜሆሙ ፡ ነዊኃ ፡ ወማሕመሜ ። ወከመዝ ፡
ይቤሉ ፡ እሙንቱ ፡ ጠቢባን ፡ ወወሰኩ ፡ ለአጽንዖ ፡ ትምህርቶሙ ፡ ወይ
ቤሉ ፡ ለእመ ፡ ነፍስነ ፡ ኢአበሰት ፡ በቀዳሚ ፡ ንብረት ፡ እምኢተኰ
ነነት ፡ በዝንቱ ፡ ዓለም ፡ እስመ ፡ እግዚአብሔር ፡ ኢይክል ፡ ይኰንና ፡
እንበለ ፡ በአምጣነ ፡ አበሳሃ ። ወአንሰ ፡ እምድኅረ ፡ ሐተትኩ ፡ ዘንተ ፡
ትምህርተ ፡ ረከብክዎ ፡ ውጹአ ፡ እምውሳኔ ፡ ልቡናነ ፡ ወኢንክል ፡ ናእ
ምር ፡ ለእመ ፡ ከነ ፡ ጽድቀ ፡ ወሚመ ፡ ሐሰተ ።

ክፍል ፡ ፲፩ ። ወእምዝንቱ ፡ ትምህርት ፡ ይሜኒ ፡ ዘይቤ ፡ መምህ

[1] Sic ms.

ርየ ፡ ጠቢብ ፡ ዘርአ ፡ ያዕቆብ ፡ *እስመ ፡ መናስው ፡ ወምንዳቤያት ፡ ዘይረከብዎሙ [* 45 v°.] ፡ ለሰብእ ፡ ውስተ ፡ ዝንቱ ፡ ዓለም ፡ በእንተ ፡ ፈቲኖቶሙ ፡ ውእቱ ፡ ወከመ ፡ ሰብእ ፡ ይኩኑ ፡ ድልዋነ ፡ ለዕሤት ፡ ዘአስተዳለወ ፡ ሎሙ ፡ ፈጣሪሆሙ ፡ እስመ ፡ ኢይደልዎ ፡ ዕሤት ፡ ለዘኢተአምነ ፡ በጊዜ ፡ ፈቲን ። ወበከመ ፡ ይትፈተን ፡ ብሩር ፡ በምንሐብ ፡ ይኩን ፡ ጽሩየ ፡ ወንጡፈ ፤ ከማሁ ፡ ይትፈተን ፡ ሰብእ ፡ በምንዳቤ ፡ ወበመንሱት ። ወዘሰ ፡ ይትዔገሥ ፡ ጊዜ ፡ ፈቲን ፡ ወይባርክ ፡ ለእግዚአብሔር ፡ እመ ፡ ምንዳቤሁ ፡ ወያቴሕት ፡ ርእሶ ፡ በአኰቴት ፡ ወተጋንዮ ፡ ወይትቀነይ ፡ ሎቱ ፡ በኵሉ ፡ ጊዜ ፡ ውእቱ ፡ ይከውን ፡ ድልወ ፡ ለዕሤት ፡ ዘኢይማስን ፡ ወዘሰ ፡ ኢያእመረ ፡ ምልክናሁ ፡ ለልዑል ፡ ወይክህድ ፡ ጊዜ ፡ ፈቲን ፡ ወይጸርፎ ፡ ጊዜ ፡ መከራ ፡ ውእቱ ፡ ይትቀሠፍ ፡ በከመ ፡ ይደልዎ ፡ ለወልድ ፡ ዓላዊ ፡ ወለገብር ፡ ከሐዲ ፡ እግዚኡ ።

ጸሎት ፤ እገኒ ፡ ለከ ፡ እግዚኦ ፡ ንጉሥየ ፡ ወእሴብሐከ ፡ አምላኪየ ፡ በኵሉ ፡ ጊዜ ፡ ወእትአመን ፡ ብከ ፡ ወእሰግድ ፡ ለሥምረትከ ፡ ቅዱስ ፡ አንተ ፡ አምላኪየ ፡ ወእግዚእየ ፡ ወከመ ፡ ዓይነ ፡ አግብርት ፡ ውስተ ፡ እደ ፡ *አጋእዝቲሆሙ ፡ ከማሁ ፡ አዕይንትየ ፡ ኀቤከ ፡ ዘልፈ ፡ ረስየኒ ፡ ከመ ፡ ሠመርከ [* 46 r°.] ፡ እስመ ፡ ፈቃድከ ፡ ጽድቅ ፡ ለዓለም ። ወባሕቱ ፡ እንዘ ፡ እሰግድ ፡ ለምልክናከ ፡ እስእለከ ፡ ወአስተበቍዓከ ፡ በኵሉ ፡ ልብየ ፡ ከመ ፡ ኢታንኅ ፡ ወኢታክብድ ፡ መዋዕለ ፡ ፈቲኖትየ ፡ ከመ ፡ ኢይደቅ ፡ ውስተ ፡ ነፍስየ ፡ ዕበደ ፡ ብዙኃን ፡ ዘየአኵቱከ ፡ ሶበ ፡ አሠነይከ ፡ ሎሙ ፡ ወይጸርፉከ ፡ ሶበ ፡ ፈተንኮሙ ፡ ሀባ ፡ ኃይለ ፡ ለነፍስየ ፡ ወአጽንዓ ፡ ከመ ፡ ኢታንቀልቅል ። ወኢይብለከ ፡ ኢትፍትነኒ ፡ እላ ፡ ረስየኒ ፡ እትጋደል ፡ ወእትዓገሥ ፡ በከመ ፡ ይደልዋ ፡ ለለባዊት ፡ ፍጥረት ፡ ዚአከ ፡ ሶበ ፡ ሠመርከ ፡ ትፍትና ፡ ወሱቀኒ ፡ ከመ ፡ ኢይድኃፅ ፡ ወኢይክህድከ ፡ ለግሙራ ፡ ወረስየኒ ፡ እሰብሕከ ፡ ዘልፈ ፡ ወአመ ፡ ታሤኒ ፡ ሊተ ፡ በበረከትከ ፡ ወአመሂ ፡ ትፈትነኒ ፡ በቅዱስ ፡ ሥምረትከ ፡ እስመ ፡ አንተ ፡ እግዚእየ ፡ ወአምላኪየ ፡ እምቅድመ ፡ ዓለም ፡ ወእስከ ፡ ለዓለም ።

**ክፍል ፡ ፲፪** ። ወበእንተ ፡ ጸሎትሰ ፡ ይደልወነ ፡ ንጸሊ ፡ ዘልፈ ፡ ኀበ ፡ እግዚአብሔር ፡ ፈጣሪነ ፡ ከመ ፡ ንርከብ ፡ መፍቅዳተ ፡ ሕይወትነ ፡ ወይጸግወነ ፡ አእምሮ ፡ ወጥበበ ፡ ለአሠንዮ ፡ *ምግባራቲነ ፡ እስመ ፡ ጸሎት [* 46 v°.] ፡ ድልው ፡ ውእቱ ፡ ወመፍትው ፡ ለባሕርየ ፡ ነፍስነ ፡ ለባዊት ። ወለእመበ ፡ ዘይብሉ ፡ ጸሎትሰ ፡ ኢይትፈቀድ ፡ እስመ ፡ እግዚአብሔር ፡ የአምር ፡ ኵሎን ፡ መፍቅዳቲነ ፤ ወእምድኅረ ፡ ውእቱ ፡ ፈጠረነ ፡ ምስለ ፡ እሉ ፡ መፍቅዳት ፡ ይደልዎ ፡ የሀበነ ፡ ዘይትፈቀድ ፡ ለነ ፡ እንበለ ፡ ንስእሎ ። እብሎሙ ፡ እስመ ፡ ጸሎትሰ ፡ ኢተሠርዓ ፡ ከመ ፡ ናጠይቆ ፡ ለእግዚአብሔር ፡ በእንተ ፡ መፍቅዳቲነ ፡ ዘውእቱ ፡ የአምር ፡ ጥዩቀ ፡ ጥቀ ፡

ሮሙ ፡ በምክርነ ፡ ወኪናቶሙ ፡ በኪናትነ ፡ እስመ ፡ እግዚአብሔር ፡ ወሀበነ ፡ ልቡና ፡ ወኃይለ ፡ ለዓቂበ ፡ ሕይወትነ ፡ ወንብረትነ ፡ ለድኂን ፡ እመሥገርቶሙ ፡ ወእምትዕግልቶሙ ፡ ለሰብእ ፡ እኩያን ። ወዝንቱኒ ፡ ለእመ ፡ ኢይትከሐለነ ፡ ይደልወነ ፡ ንትዓገሥ ፡ ወንግድፍ ፡ ላዕለ ፡ እግዚአብሔር ፡ ሕሊናነ ፡ ወንኅድግ ፡ ሎቱ ፡ ፍትሐነ ፡ ወበቀለነ ፡ ወንስአል ፡ ኀቤሁ ፡ ከመ ፡ ያድኅነነ ፡ ወይባልሐነ ፡ እምትዕግልተ ፡ እጓለ ፡ እመሕያው ። ወእንበለ ፡ ዝንቱ ፡ ግብር ፡ ዕፁብ ፡ ኢይደልወነ ፡ ናሕስም ፡ ላዕለ ፡ መኑሂ ፡ ለግሙራ ፡ በምንትኒ ፡ ግብር ፡ ኢበተናግሮ ፡ ወኢበገቢር ፡ ዳዕሙ ፡ ይደልወነ ፡ ንርኃቅ ፡ በተጠናቅቆ ፡ እምኵሉ ፡ ሐሰት ፡ ወሐሜት ፡ ወጽርፈት ፡ ወሠሪቅ ፡ ወሐዊረ ፡ ብእሲተ ፡ ብእሲ ፡ ወዝብጠት ፡ *49 v°. *ወቀቲል ፡ ወእምኵሉ ፡ ግብር ፡ እኩይ ፡ ዘያቴክዝ ፡ ወያኀጕል ፡ ቢጸነ ፡ ወንዋዮሙ ፡ እስመ ፡ ዝንቱ ፡ ኵሉ ፡ ይትቃረን ፡ ሥርዓተ ፡ ፈጣሪ ፡ ወይነሥት ፡ ኵሎን ፡ ሕገጋተ ፡ ፍጥረት ፡ ወያጠፍእ ፡ ፍቅረ ፡ ወተሰናዕዎ ፡ ዘይትፈቀድ ፡ ለንብረተ ፡ ኵሎሙ ፡ ሰብእ ፡ ኅቡረ ።

**ክፍል ፡ ፲፩ ።** በከመ ፡ ስነነ ፡ አንጼዋ ፡ ያማስና ፡ ቀጠንተ ፡ ዘብዙኅ ፡ ሜጠን ፡ ወይእቲሰ ፡ ኢትሬሰይ ፡ እምኔሆን ፡ ወኢምንተኒ ፡ ከማሁ ፡ ልሳን ፡ እንተ ፡ ትትናገር ፡ ሐሜተ ፡ ዘያጠፍእ ፡ ሠናየ ፡ ስመ ፡ ወኢትትረባሕ ፡ እምሐሜታ ፤ ወሠናይ ፡ ስምሰ ፡ ይኄይስ ፡ እምቀጠንት ፡ ወእምኵሉ ፡ ጥሪት ። ወበከመ ፡ በረድ ፡ ዘያማስን ፡ ሰዊተ ፡ ውእቱኒ ፡ ይትቀጠቀጥ ፡ እንዘ ፡ ይወድቅ ፤ ከማሁ ፡ ፅርፈት ፡ ዘይወጽእ ፡ እምአፈ ፡ ብእሲ ፡ ቢጸሂ ፡ ያኀፍር ፡ ወጸራፊሂ ፡ ይትኃጐል ፡ ኅቡረ ። ወከመ ፡ እሳት ፡ ዘያውዒ ፡ ቤቶ ፡ ለዘአንደዶ ፤ ከማሁ ፡ መዓት ፡ ብእሲ ፡ ዘያውዒ ፡ አማዑቶ ። አወልድየ ፡ ኢትኩን ፡ መዓትመ ፡ ለግሙራ ፡ ከመ ፡ ኢትነስሕ ፡ መሪረ ፡ ወፀሐይ ፡ ኢይዕርብ ፡ ላዕለ ፡ ቍጥዓከ ። ወኩን ፡ መስተመይጠ ፡ ላዕለ ፡ ስሕተትከ ፡ ወሶበ ፡ አበስከ ፡ ለቢጽከ ፡ ኢታጕንዲ ፡ *50 r°. ተመይጠተ*ከ ፡ አላ ፡ ተንሥእ ፡ ሰቤሃ ፡ ወፍድዮ ፡ ሠናየ ፡ ህየንተ ፡ እኪት ፡ ዘገበርከ ፡ ዲቤሁ ፡ ወተዓረቅ ፡ ምስሌሁ ፡ ከመ ፡ ይኩን ፡ ሰላም ፡ ወይባርከ ፡ አምላክ ፡ ወኩን ፡ ብእሴ ፡ ሰላማዌ ፡ ምስለ ፡ ኵሉ ፡ ወኢይፃዕ ፡ እኩይ ፡ ነገር ፡ እምአፉከ ። ኩን ፡ ርኅሩኀ ፡ ወናዛዜ ፡ ምስለ ፡ ምንዱባን ፡ ወትኩዛን ፡ ወእግዚአብሔር ፡ ይዔሥየከ ፡ ሠናየ ፡ ወተዘከር ፡ ከመ ፡ ትግበር ፡ ምጽዋተ ፡ ወለእመ ፡ ብከ ፡ ኅብስት ፡ ተካፈሎ ፡ ምስለ ፡ አኃዊከ ፡ ርኁባን ፡ ወእግዚአብሔር ፡ ያጸግበከ ፡ እምሠናያቲሁ ። ወለእመ ፡ ብከ ፡ ኃይል ፡ አንግፎሙ ፡ ለአኃዊከ ፡ ስዱዳን ፡ ወእግዚአብሔር ፡ ያነግፈከ ፡ ወኢያኃድግ ፡ በትረ ፡ ኃጥአን ፡ ዲበ ፡ መክፈልትከ ። ወለእመ ፡ ብከ ፡ ጥበብ ፡ መሐሮሙ ፡ ለሕፁፃነ ፡ አእምሮ ፡ ወእግዚአብሔር ፡ ያሌብወከ ፡ ምሥጢራቲሁ ፡ ወያርእየከ ፡ ኅቡአ ፡ ጥበበ ። ወሶበ ፡

ተክህለከ ፡ ፍቅድ ፡ ታሥምሮሙ ፡ ለኵሉ ፡ ሰብእ ፡ እስመ ፡ እግዚአብሔር ፡ አምላክነ ፡ ፍቅር ፡ ውእቱ ። ወዘኒ ፡ ይነብር ፡ በተፋቅሮ ፡ ወበአሥምሮ[1] ፡ ለቢጹ ፡ ውእቱኒ ፡ ምስለ ፡ እግዚአብሔር ፡ ይነብር ፡ ወእግዚአብሔ*ር ፡ ምስሌሁ ። ወተፋቅሮሰ ፡ ያሜኒ ፡ ኵሎ ፡ ንብረተ ፡ ሰብእ ፡ *50 v°. ወያቀልል ፡ ኵሎ ፡ ምንዳቤነ ፡ ወይቄሥም ፡ ወያስተጣዕም ፡ ኵሎ ፡ ሕይወተነ ፡ ወይሬስዮ ፡ ለዝንቱ ፡ ዓለም ፡ መንግሥተ ፡ ሰማያት ። ወይደልወነ ፡ ዳዕሙ ፡ ኢንትፋቀር ፡ በአፍ ፡ ወበልሳን ፡ ባሕቲቱ ፡ አላ ፡ በገቢር ፡ ወበጽድቅ ። ወኢንኩን ፡ በከመ ፡ እሉ ፡ ክርስቲያን ፡ ብሔርነ ፡ ዘይሜህሩ ፡ ፍቅረ ፡ ኢየሱስ ፡ ክርስቶስ ፡ በአፉሆሙ ፡ ወአልበ ፡ ፍቅር ፡ ውስተ ፡ ልበሙ ፡ ወይትዋገዙ ፡ ወይፃረፉ ፡ ወይትቃተሉ ፡ በበይናቲሆሙ ፡ በእንተ ፡ ሃይማኖቶሙ ፡ እስመ ፡ ዝንቱ ፡ ፍቅር ፡ ኢኮነ ፡ እምእግዚአብሔር ፡ ወኢይበቍዕ ፡ ወኢምንተኒ ። ወዓዲ ፡ ኢንትፋቀር ፡ በከመ ፡ እሉ ፡ መድልዋን ፡ ዘአፉሆሙ ፡ ይነግር ፡ ጽድቀ ፡ ወፍቅረ ፡ ወታሕተ ፡ ልሳኖሙ ፡ ሀሎ ፡ ኀምዘ ፡ አርዌ ፡ ምድር ። ወልበሙ ፡ ይሔሊ ፡ ኵሎ ፡ ዓሚረ ፡ ጽልዓ ፡ ወባዕሰ ፡ ወከመዝ ፡ ኢንትፋቀር ፡ በከመ ፡ እለ[2] ፡ ያፈቅሩ ፡ አዝማዲሆሙ ፡ በሃይማኖት ፡ ወይጸልኡ ፡ ባዕዳኒሆሙ ፡ ወእለ ፡ ኢየኀብሩ ፡ ምስሌሆሙ ፡ በሃይማኖ*ት ፡ እስመ ፡ ፍቅሮሙ ፡ ኢኮነ ፡ *51 r°. ፍጹመ ፡ ወይደሉ ፡ ናእምር ፡ ወንለቡ ፡ ከመ ፡ ኵሎሙ ፡ ሰብእ ፡ ዕሩያን ፡ እሙንቱ ፡ በተፈጥሮቶሙ ፡ ወኵሎሙ ፡ ውሉደ ፡ እግዚአብሔር ፡ ወንሕነሰ ፡ ንጌጊ ፡ ሶበ ፡ ንጸልኦሙ ፡ ለሰብእ ፡ በእንተ ፡ ሃይማኖቶሙ ፡ ዘኮነ ፡ ብውሐ ፡ ለኵሉ ፡ ለለ፩፩ይእመኑ ፡ በከመ ፡ ይመስሎሙ ፡ ጽድቀ ። ወሃይማኖትሰ ፡ ኢይጸንዕ ፡ ወኢይረትዕ ፡ ውስተ ፡ ልበ ፡ ሰብእ ፡ በኃይል ፡ ወኢበግዘት ፡ አላ ፡ በአእምሮ ፡ ወበትምህርት ። ወበከመ ፡ ኢይደልወነ ፡ ንጽልዖሙ ፡ ለሰብእ ፡ በእንተ ፡ አእምሮቶሙ ፤ ከማሁ ፡ ኢይደልወነ ፡ ንጽልዖሙ ፡ በእንተ ፡ ሃይማኖቶሙ ።

**ክፍል ፡ ፲፰ ።** በኵሉ ፡ ግብር ፡ ዘትገብር ፡ ምስለ ፡ ሰብእ ፡ አምክር ፡ ልበከ ፡ በቅድመ ፡ እግዚአብሔር ፡ ወግበር ፡ ለካልእኒከ ፡ ዘትፈቅድ ፡ ይግበሩ ፡ ለከ ፡ ወኢትግበር ፡ ለካልእኒከ ፡ ዘኢትፈቅድ ፡ ይግበሩ ፡ ለከ ፡ እስመ ፡ ዝንቱ ፡ ፍቅር ፡ ወዝንቱ ፡ ተፋቅሮ ፡ ቀዳሚ ፡ ትእዛዝ ፡ ውእቱ ፡ ዘአዘዘነ ፡ እግዚአብሔር ፡ ወጸሐፈ ፡ ውስተ ፡ ሰሌዳ ፡ ልበሙ ፡ ለኵሎሙ ፡ ሰብእ ። ወአንተሰ ፡ አእኁየ ፡ ለእመ ፡ ፈቀ*ድከ ፡ ትርአይ ፡ *51 v°. መዋዕለ ፡ ሠናያተ ፡ ተሰነዓው ፡ ምስለ ፡ ኵሉ ፡ ሰብእ ፡ በፍቅር ፡ ወበሰላም ፡ ወለረኪበ ፡ ዝንቱ ፡ ምግባር ፡ ይበቍዕ ፡ ዘተብህለ ፡ በጥበበ ፡ ቀደምት ፡ እመ ፡ ሀሎከ ፡ በኀቤከ ፡ ኩን ፡ በከመ ፡ ግዕዘ ፡ ብሔርከ ፤ ወለእመ ፡

[1] Vox addita supra lineam. — [2] Ms. እሉ.

ሖርከ ፡ ብሔረ ፡ ባዕድ ፡ ኩን ፡ ከማሆሙ ፡ እስመ ፡ ዓቢይ ፡ ጥበብ ፡ ውእቱ ፡ ለዓቂበ ፡ ሰላም ፡ ምስለ ፡ ኵሉ ፡ ወለአግሕሦ ፡ እማእከሌከ ፡ ወእማእከሌሆሙ ፡ ባዕሰ ፡ ወፅርፈተ ፡ ዘአልበ ፡ ፍጻሜ ። ኢታርኵስ ፡ ወኢምንተኒ ፡ እንበለ ፡ ዘይትቃረን ፡ ሕገጋተ ፡ ዘሠርዓ ፡ እግዚአብሔር ፡ ለኵላ ፡ ፍጥረት ፡ ወኵሉ ፡ ግብርሰ ፡ ዘኢይነስት ፡ ሕገ ፡ ፍጥረት ፡ ንጹሕ ፡ ውእቱ ፡ ወአልቦ ፡ ርኵስ ፡ ውስተ ፡ ጠባይዑ ። ወባሕቱ ፡ እንዘ ፡ ኵሉ ፡ ንጹሕ ፡ በስነ ፡ ፍጥረት ፡ ኢኮነ ፡ ከመዝ ፡ በኀበ ፡ ሰብእ ፡ ወበግዕዝ ፡ ዘይሜኒ ፡ በልማዶሙ ፡ ለሰብእ ፡ ዘአሐቲ ፡ ሀገር ፡ ወበኀበ ፡ ካልእንሰ ፡ ኢይሜኒ ። ወለእመ ፡ ኢዓቀብከ ፡ ግዕዘ ፡ ብሔር ፡ እንተ ፡ በቱ ፡ ትነብር ፡ ትነስት ፡ ፍቅረ ፡ ወታመጽእ ፡ ባዕሰ ፡ ወጽርፈተ ፡ ወአንተ ፡ ኢትግበር ፡ ምንተኒ ፡ ዘኢይሜኒ ፡ በውእቱ ፡ ግዕዝ ። ወኢትበ[*52 r°.]ል ፡ አልበ ፡ እበሳ ፡ በዝ ፡ ግብር ፡ ዳዕሙ ፡ ወድስ ፡ ግዕዘ ፡ ሀገር ፡ *እንተ ፡ ባቲ ፡ ትነብር ፡ ወኅበር ፡ ምስለ ፡ ሰብእ ፡ ይእቲ ፡ ሀገር ፡ ወጸሊ ፡ ኀበ ፡ እግዚአብሔር ፡ ከመ ፡ ይፍቅድ ፡ ያሠኒ ፡ ለኵሎሙ ፡ በከመ ፡ ጠባይዖሙ ፡ ወግዕዞሙ ፡ ወልማዶሙ ። ወባሕቱ ፡ ኢትኅድግ ፡ በእንተዝ ፡ ጥበበ ፡ ዘአለበወከ ፡ እግዚአብሔር ። አላ ፡ ዕቀብ ፡ ዘአርአየከ ፡ ብርሃነ ፡ ልቡናከ ፡ ወአስተሰነዓው ፡ ምስለ ፡ ግዕዘ ፡ ሰብእ ፡ እንዘ ፡ ትነብር ፡ ምስሌሆሙ ፡ ወአንተሰ ፡ አንጽሕ ፡ ልበከ ፡ ወሕሊናከ ፡ ወፈጽም ፡ እምዕለት ፡ ዕለተ ፡ ምግባረከ ፡ ከመ ፡ ትርከብ ፡ ሞገሰ ፡ በኀበ ፡ ፈጣሬከ ፡ ዘይፈቅድ ፡ ትኩን ፡ ፍጹመ ።

**ክፍል ፡ ፲፮ ።** እመ ፡ ንዕስከ ፡ ወውርዙትከ ፡ አክብር ፡ ወአፍቅር ፡ ወላድያኒከ ፡ እስመ ፡ ይመጽእ ፡ ጊዜ ፡ እመ ፡ ትፈቅድ ፡ ክብረ[1] ፡ ወፍቅረ ፡ እምነ ፡ ውሉድከ ፤ ፍሩሀ ፡ እግዚአብሔርሃ ፡ ዘይኤዝዘከ ፡ አክብሮ ፡ አቡከ ፡ ወእምከ ። ዕቀብ ፡ ዘንተ ፡ ትእዛዘ ፡ በዓቢይ ፡ ጥንቃቄ ፡ ወአፍቅሮሙ ፡ ለወላድያኒከ ፡ በፍጹም ፡ ልብከ ፡ ወኢታተክዞሙ ፡ ለግሙራ ፡ በምንትኒ ፡ ምክንያት ፡ ከመ ፡ ኢይርግሙከ ፡ ወኢይስምዖሙ ፡ [*52 v°.] እግዚአብሔር ፡ ወኢይግድፍከ ። ርድአሙ ፡ ወአሥምሮሙ ፡ *በኵሉ ፡ ግብር ፡ ሠናይ ፡ ወእመ ፡ ይበጽሕ ፡ ጊዜከ ፡ በዘትፈቅድ ፡ ረድኤተ ፡ ውሉድከ ፡ ወንዑሳኒከ ፡ እለ ፡ የዓቅቡከ ፡ ወይሴስዩከ ፡ እመ ፡ ርስዕከ ፡ ውእተ ፡ ዓሚረ ፡ ይፈድየከ ፡ እግዚአብሔር ፡ ሠናየ ። እመሰ ፡ ከንከ ፡ ጽኑዓ ፡ ወድሩከ ፡ ምስለ ፡ ወላድያኒከ ፡ ወምስለ ፡ አዕሩጊከ ፡ እግዚአብሔር ፡ ይኤዝዝ ፡ እኩየ ፡ በላዕሌከ ፡ እመ ፡ ርስዕከ ፡ ወውሉድከ ፡ ወንዑሳኒከ ፡ ይትቤቀሉከ ፡ እኩየ ፡ አምጣነ ፡ አበስከ ፡ ለዓበይትከ ። ወአሜሃ ፡ ትበኪ ፡ መሪረ ፡ ወትኔስሕ ፡ እንበለ ፡ ባቍዕ ። ወሀሎ ፡ ፩ብእሲ ፡

[1] Vox sec. man. add. supra lineam.

አረጋዊ ፡ ወዖራ ፡ አዕይንቲሁ ። ወበ፩እመዋዕል ፡ ተበአሰ ፡ ምስለ ፡ ወልዱ ፡ ወውእቱ ፡ ወልድ ፡ እኩይ ፡ ብእሲ ፡ ውእቱ ። ወእንዘ ፡ ይትበአሱ ፡ ዝኩ ፡ ወልድ ፡ አኀዘ ፡ በመዓቱ ፡ እግረ ፡ አቡሁ ፡ ወወጠነ ፡ ይስሐብ ፡ በላዕለ ፡ አዕባን ፡ ወአሥዋክ ፡ እንዘ ፡ አቡሁ ፡ ይበኪ ፡ ወይኬልሕ ፡ በድኩም ፡ ቃል ። ወሶበ ፡ በጽሐ ፡ ኀበ ፡ ፩መካን ፡ እሙር ፡ ከልሐ ፡ ውእቱ ፡ ብእሲ ፡ አረጋዊ ፡ ወይቤሎ ፡ ለወልዱ ፡ ኅድገኒ ፡ ንስቲተ ፡ ወስምዓኒ ፡ ወኅደጎ ፡ ወይቤሎ ፡ ተናገር ። ወዝኩ ፡ አረጋዊ ፡ ይቤ ፡ እንዘ ፡ ያስቆቁ ፡ መሪረ ። *አንሰ ፡ ከንኩ ፡ እኩየ ፡ አመ ፡ ንዕስየ ፡ ወተበአስኩ *53 r°. ፡ ምስለ ፡ አቡየ ፡ በከመ ፡ አንተ ፡ ገበርከ[1] ፡ ምስሌየ ፡ በዛቲ ፡ ዕለት ፡ ወበቍጥዓየ ፡ ዘበጥክዎ ፡ ለአቡየ ፡ ወሰሐብክዎ ፡ እስከ ፡ ዝየ ፡ ወእግዚአብሔር ፡ ተበቀለኒ ፡ ዮም ፡ ወፈደየኒ ፡ እኪተ ፡ በከመ ፡ ደለወኒ ። ወአንተሰ ፡ ኅድገኒ ፡ ይእዜ ፡ ወኢታፈድፍድ ፡ ኵነኔከ ፡ እምኵነኔየ ፡ እስመ ፡ ኢይትኃደግ ፡ እንበለ ፡ ይብጻሕከ ። ወዝንቱ ፡ ታሪክ ፡ ይኤምረኒ ፡ ከመ ፡ እግዚአብሔር ፡ ይፈዲ ፡ ለኵሉ ፡ በከመ ፡ ምግባሩ ፡ ወይትቤቀል ፡ ለውሉድ ፡ እከየ ፡ ዘገብሩ ፡ ላዕለ ፡ ወላድያኒሆሙ ፡ ወላዕለ ፡ እለ ፡ የዓብዩ ፡ እምኔሆሙ ። ወአንተ ፡ ወልድየ ፡ ኩን ፡ ከሐሌ ፡ ወተዓገሥ ፡ ላዕለ ፡ ድካሞሙ ፡ ወጠባይዖሙ ፡ ስሑከ ፡ ወኢታተክዞሙ ፡ በምንትኒ ፡ ግብር ፡ ወአሥምሮሙ ፡ በኵሉ ፡ ክሂሎትከ ፡ ከመ ፡ ይባርኩከ ፡ በፍሥሐ ፡ ልበሙ ። ወእግዚአብሔር ፡ ይወስከ ፡ በረከቶ ፡ ላዕለ ፡ በረከቶሙ ፡ ወያድኅንከ ፡ እምዕለት ፡ እኪት ፡ ወይዕቀብከ ፡ ወያብፅዕከ ፡ ዲበ ፡ ምድር ፡ ወይርዳእከ ፡ ውስተ ፡ ዓራተ ፡ ሕማምከ ፡ ወርስዕከ ። *ወስማዕ *53 v°. ፡ ምክሮሙ ፡ ለዓበይትከ ፡ ወኢትመንን ፡ ጥበበሙ ፡ ወኢትትሐየዮሙ ፡ ውስተ ፡ ገጾሙ ፡ ከመ ፡ ኢይኅዝኑ ፡ ብከ ። ዳዕሙ ፡ አክብሮሙ ፡ ዘልፈ ፡ በቃልከ ፡ ትሑት ፡ ወበምግባርከ ፡ ሥሙር ፡ ወባሕቱ ፡ አንብር ፡ ውስተ ፡ ልብከ ፡ ከመ ፡ ትሕትት ፡ ወታምክር ፡ ኵሎ ፡ ወትጽናዕ ፡ በዘይሤኒ ።

ክፍል ፡ ፲፯ ። ኢትድከም ፡ በተምህሮ ፡ ትምህርት ፡ ወኢትኅድጋ ፡ በኵሉ ፡ መዋዕለ ፡ ሕይወትከ ፡ ወኢትበል ፡ ለግሙራ ፡ ተምህርኩ ፡ ብዙኃ ፡ ወትምህርትየ ፡ የአክለኒ ፤ እስመ ፡ ወለእመሂ ፡ ተምህርከ ፡ ኵሎን ፡ ትምህርታተ ፡ ሰብእ ፡ ዓዲ ፡ ይፈደፍድ ፡ ዘኢተአምር ፡ ዕቀብ ፡ ኵሎን ፡ ትምህርታተ ፡ ከመ ፡ ትርከብ ፡ ብዙኃ ፡ ምግባራተ ፡ ወኢትንበር ፡ በአሐቲ ፡ ትምህርት ፡ እስመ ፡ ሀካይ ፡ ውእቱ ። ርኢኬ ፡ ኀበ ፡ ንህብ ፡ ሶበ ፡ ይቀሥም ፡ ጽጌያተ ፡ ገዳም ፡ ወኢይነብር ፡ ውስተ ፡ ፩ጽጌ ፡ ወኢውስተ ፡ ፩ገራህት ፡ አላ ፡ ይፈልስ ፡ ወያስተጋብዕ ፡ እምኵሉ ፡ ጽጌ

[1] Vox addita supra lineam.

ያት ፡ ወያወጽእ ፡ ፷ጠባይዓተ ፡ ዘውእቶሙ ፡ መዓር ፡ ወሰምዕ ፡ ወ፩ይ
*54 r°. ከውን ፡ ትፍሥሕተ ፡ መዓልት ፡ *በስቴሁ ፡ ወካልኡ ፡ ይከውን ፡ ማኅ
ቶተ ፡ ሌሊት ፡ በብርሃኑ ። ወአንተኒ ፡ ከማሁ ፡ ለእመ ፡ አስተጋባእከ ፡
ጥበበ ፡ እምዙሎን ፡ ትምህርታት ፡ ታወጽእ ፡ ፷ጠባይዓተ ፡ ዘውእቶሙ ፡
መዓር ፡ ሠናይ ፡ ምግባርከ ፡ ዘይጥዕም ፡ ወያስተፌሥሕ ፡ ልበከ ፡ ወሰ
ምዓ ፡ ትምህርትከ ፡ ዘያበርህ ፡ ልቡናከ ፡ ከመ ፡ ትኩን ፡ ማኅቶተ ፡ ለጽ
ሉማን ፡ ምድር ፡ ወለሕፁፃነ ፡ አእምሮ ፡ ወታሰስል ፡ ጽልመተ ፡ እም
ልበሙ ፡ ለእለ ፡ ይነውሙ ፡ በሌሊት ፡ ዘኢያእምሮቶሙ ፡ ወይስሕቱ ፡
ውስተ ፡ ጽልመተ ፡ ዕበዶሙ ።

ክፍል ፡ ፲፫ ። አፍቅር ፡ ገቢረ ፡ ግብረ ፡ እድ ፡ አምጣነ ፡ ይሰነ
ዓው ፡ ምስለ ፡ ንብረትከ ፡ ወተጠበብ ፡ በቱ ፡ ከመ ፡ ትትረባሕ ፡ ወኢት
ኅፈር ፡ ገቢረ ፡ ግብረ ፡ እድ ፡ እስመ ፡ ትእዛዘ ፡ እግዚአብሔር ፡ ውእ
ቱ ፡ ወእንበለ ፡ ግብረ ፡ እድ ፡ ይትኃጐል ፡ ኵሉ ፡ ፍጥረተ ፡ ሰብእ ፡ ወ
ይትነሠት ፡ ኵሉ ፡ ንብረቱ ፡ ወኢትበል ፡ ገቢረ ፡ ግብረ ፡ እድሰ ፡ ይደ
ልዎሙ ፡ ለነዳያን ፡ ወለመስተገብራን ፡ ወለነህብያን ፡ ወለሐናጽያን ፡ ወለ
ውሉደ ፡ ገባር ፡ ወአኮ ፡ ለውሉደ ፡ አበይት ፡ ወከበርት ፡ እስመዝ ፡
*54 v°. ሕሊና ፡ እምትዕቢተ ፡ ልብ ፡ ውኅቱ ። አኮኑ ፡ *መፍቅዳተ ፡ ሕይወ
ትነ ፡ ይትኃሠሥ ፡ ዕሩየ ፡ ለኵሉ ፡ ለለ፩፩ ወበከመ ፡ ኢይትረከቡ ፡ መፍ
ቅዳተ ፡ ሕይወትነ ፡ እንበለ ፡ በገቢረ ፡ ግብረ ፡ እድ ፡ ከማሁ ፡ ለኵሉ ፡
ለለ፩፩ ተሠርዓ ፡ ይፃሙ ፡ ለረኪበ ፡ መፍቅዳቲሆሙ ፡ ወኢትበል ፡ ብየ ፡
ጥሪት ፡ በዘእበልዕ ፡ ወእሰቲ ፡ እንበለ ፡ እፃሙ ፡ እስመ ፡ እምእኩይ ፡
ሐኬት ፡ ውእቱ ፡ ወይነሥት ፡ ሥርዓተ ፡ ፈጣሪ ፡ ዘይቤ ፡ ፍሬ ፡ ፃማከ ፡
ተሴሰይ ። ወዘሰ ፡ ይሴሰይ ፡ ፃማ ፡ ባዕድ ፡ እንዘ ፡ በቱ ፡ ተከህሎ ፡ ለገ
ቢር ፡ ሠራቂ ፡ ውእቱ ፡ ወሐያዲ ፤ ወአንተሰ ፡ ልምድ ፡ እምንዕስከ ፡
በገቢረ ፡ ግብረ ፡ እድ ፡ ወለሐኬትሰ ፡ አግህሣ ፡ እምኔከ ፡ በዓቢይ ፡ ጥን
ቃቄ ፡ እስመ ፡ ሀካይ ፡ ብእሲ ፡ ኢክነ ፡ ድልወ ፡ ለበረከተ ፡ እግዚአ
ብሔር ። ወግበር ፡ ግብረከ ፡ ከመ ፡ ትርከብ ፡ በጊዜ ፡ ባቍዕ ፡ መፍቅዳ
ቲከ ፡ ወመፍቅዳቲሆሙ ፡ ለእሊዓከ ፡ ወለምስኪናኒከ ። ወኢይደቅ ፡
ልብከ ፡ ሶበ ፡ ማሰነ ፡ ወተኃጕለ ፡ ፍሬ ፡ ፃማከ ፡ ዳዕሙ ፡ ጽናዕ ፡ በግ
ብርከ ፡ ወጸሊ ፡ ኀበ ፡ እግዚአብሔር ፡ ከመ ፡ ይባርከ ፡ ወያብዝኅ ፡
ፍሬሁ ። ወኢትፃሙ ፡ ከመ ፡ እንስሳ ፡ ዘአልበ ፡ ልብ ፤ አላ ፡ አስተ
*55 r°. ሣኒ ፡ ግብረከ ፡ በጥበብከ ፡ ከመ ፡ ታፈድፍድ ፡ በቍዔ*ተ ፡ ወረባሐ ፡
ወታሕጽጽ ፡ ድካመከ ። ወሶበ ፡ እግዚአብሔር ፡ ባረከ ፡ ፃማከ ፡ ወአስ
ተጋባዕከ ፡ ፍሬሁ ፡ አእኵቶ ፡ በኵሉ ፡ ልብከ ፡ ወተፈሣሕ ፡ ምስለ ፡
ኵሉ ፡ ሰብእ ፡ ዘቤትከ ፡ ብላዕ ፡ ወስተይ ፡ ወግበር ፡ በዓለ ፡ በትፍሥ
ሕት ፡ ወበሐሤት ፡ ወጽናዕ ፡ በተግባርከ ፡ ከመ ፡ ትወስ▪ ፡ ፍሬ ፡ ላዕለ ፡

ፍሬ ፡ ፃማከ ፡ ዘረከብከ ፡ ወረባሐ ፡ ላዕለ ፡ ረባሕ ፡ ዘአውጻእከ ፡ ወኢትበል ፡ ለግሙራ ፡ የአክለኒ ፡ ወኢትበል ፡ ንስቲት ፡ የአክል ፡ ለንብረትየ ፡ ወለምንት ፡ እፃሙ ፡ ሐኬት ፡ ውእቱ ፡ ዳዕሙ ፡ አጥሪ ፡ ብዙኃ ፡ አምጣነ ፡ ይትከሐለከ ፡ እንበለ ፡ ዓመፃ ፡ ወተፈሣሕ ፡ በኵሉ ፡ ጥሪትከ ፡ ዘአጥረይከ ፡ በሐፈ ፡ ገጽከ ፤ ወትከውን ፡ አምሳሊሁ ፡ ለፈጣሪነ ። ወበከመ ፡ ፈጣሪ ፡ በኃይሉ ፡ ወበጥበቡ ፡ አውጽአ ፡ እምኀበ ፡ አልቦ ፡ ኵሎ ፡ ዘንሬኢ ፡ ሠናያተ ፡ ለሕይወተዝ ፡ ዓለም ፡ ከማሁ ፡ አንተሂ ፡ በፃማከ ፡ ወበጥበብከ ፡ ታወጽእ ፡ እምግብሩ ፡ ፍሬ ፡ ሠናየ ፡ ለሕይወትከ ፡ ወለሕይወተ ፡ ቢጽከ ።

**ክፍል ፡ ፲፱ ።** ኢትኩን ፡ ቂቁየ ፡ በኵሉ ፡ ንብረትከ ፡ እስመ ፡ ቂቁይ ፡ ብእሲ ፡ ይከውን ፡ ነዳየ ፡ *ምክዕቢተ *55 v°. ፡ ወውእቱ ፡ ይነዲ ፡ በእንተ ፡ ዘአልቦቱ ፡ ወዓዲ ፡ ይነዲ ፡ በእንተ ፡ ዘቦቱ ። እስመ ፡ ከነ ፡ ሎቱ ፡ ከመ ፡ ዘአልቦቱ ፡ ወኢይበልዕ ፡ ወኢይሰቲ ፡ ወኢይትፌሣሕ ፡ በዘቦቱ ፡ አላ ፡ የዓፁ ፡ መዝገበ ፡ ወይነብር ፡ በንዴት ፡ እንዘ ፡ ቦቱ ፡ ጥሪት ። ወዝንቱሰ ፡ ዓቢይ ፡ ዕበድ ፡ ውእቱ ፡ ወእኩይ ፡ መቅሠፍት ፡ ዘአዘዘ ፡ እግዚአብሔር ፡ ላዕለ ፡ ሰብእ ፡ ጽኑዓነ ፡ ልብ ፤ እስመ ፡ እሙንቱኒ ፡ ኢይትፌሥሑ ፡ በብዕሎሙ ፡ ወኢያስተፌሥሑ ፡ ቢጾሙ ፡ ወይሬስይዎ ፡ ለብዕሎሙ ፡ ብጡለ ፡ በኑኃ ፡ ዕድሜሆሙ ። ወበእንተዝ ፡ እግዚአብሔር ፡ አስጠመ ፡ ጥበቦሙ ፡ ወረሰዮሙ ፡ አግብርተ ፡ ከመ ፡ ይፃምዉ ፡ ወያጥርዩ ፡ እንበለ ፡ ያእምሩ ፡ ለመኑ ፡ ይፃምዉ ፡ ወያጠርዩ ፡ ወይኩኑ ፡ መጋብያነ ፡ ለባዕዳኒሆሙ ፡ ወለጸላእቶሙ ፡ እንበለ ፡ ለሊሆሙ ፡ ይጥዓሙ ፡ ወኢምንተኒ ፡ እምፍሬ ፡ ፃማሆሙ ። ወአንተሰ ፡ ተገኃሥ ፡ እምዕበዶሙ ፡ ወኩን ፡ ጠቢበ ፡ ለርእስከ ፡ ወተፈሣሕ ፡ በጥሪትከ ፡ እስከ ፡ አመ ፡ ሀሎከ ፡ ወኢትዝግብ ፡ ጥሪተከ ፡ ለባዕዳኒከ ፡ ወለትውልድ ፡ እንተ ፡ ትመጽእ ፡ ድኅሬከ ፡ *እስመ *56 r°. ፡ መክፈልትከ ፡ ዘወሀበከ ፡ እግዚአብሔር ፡ በዲበ ፡ ምድር ፡ ዝንቱ ፡ ውእቱ ፡ ከመ ፡ ትብላዕ ፡ ወትስተይ ፡ ወትትፈሣሕ ፡ እስከ ፡ አመ ፡ ሀሎከ ፡ ውስተ ፡ ዝንቱ ፡ ሕይወት ። ወአመ ፡ ትመውትሰ ፡ ኢትነሥእ ፡ ምስሌከ ፡ ወኢምንተኒ ፤ ወኵሉ ፡ ዘዘገብከ ፡ አሜሃ ፡ ይከውን ፡ ለከ ፡ ብጡለ ፥ ወበእንተዝ ፡ ለእመ ፡ ከንከ ፡ ጠቢበ ፡ ኢትትኃረም ፡ እምበረከት ፡ ዘወሀበከ ፡ እግዚአብሔር ፡ ፈጣሪከ ፡ ብላዕ ፡ ወስተይ ፡ ወትፈሣሕ ። ዳዕሙ ፡ ኢትፃዕ ፡ ወኢአሐተ ፡ ጊዜ ፡ እመጠነ ፡ መፍቅዳቲከ ፡ እስመ ፡ ኅሊፈ ፡ ውሳኔ ፡ ዝንቱ ፡ መጠን ፡ ያማስን ፡ ጥዒና ፡ ወያበጥል ፡ ፍሥሐከ ። ወኢትስተይ ፡ ለግሙራ ፡ እስከ ፡ አመ ፡ ትሰክር ፡ እስመ ፡ ስካርሰ ፡ ያጠፍዕ ፡ ልቡና ፡ ወአእምሮ ፡ በዘንትሌለይ ፡ እምእንስሳ ፡ ዘአልቦሙ ፡ ልብ ፡ ወያማስን ፡ ፍጥረተነ ፡ ወያወርዳ ፡ እምታሕተ ፡ እንስሳ ፡ ወአራዊት ፡ ወሰካርያን ፡ ኢይከውኑ ፡ ድልዋነ ፡ ይትኈለቁ ፡ ምስለ ፡ ሰብእ ።

**ክፍል ፡ ፳ ።** ኀረይ ፡ መባልዕተከ ፡ ዘይበቍዑከ ፡ ለሕይወትከ ፡ ወአ
ስተዳልዎሙ ፡ በጥበብ ፡ ወበአስተናጽሖ ፡ ጥንቁቅ ፡ ከመ ፡ ይጥዓሙከ ፡
*56 v°. ወያሕይውከ ፡ *እስመ ፡ እግዚአብሔር ፡ ወሀበከ ፡ ልቡና ፡ ለዝንቱ ፡ ወ
ፈጠረ ፡ ጣዕመ ፡ ውስተ ፡ መባልዕት ፡ ከመ ፡ ንኅሥሦ ፡ ወንጥዓሞ ፡ ወና
እኵቶ ፡ ለፈጣሬነ ፡ ዘጸገወነ ፡ ሠናያተ ፡ ዘአልቦ ፡ ኍልቍ ፡ ወኢንኩን ፡
ከመ ፡ እሉ ፡ አብዳን ፡ ዘይመስሎሙ ፡ ከመ ፡ እግዚአብሔር ፡ ከልአነ ፡ ንብ
ላዐ ፡ መባልዕተ ፡ ዘውእቱ ፡ ፈጠረ ፡ ለሕይወተ ፡ ሰብእ ፡ ኀደጎሙ ፡ ይ
ጹሙ ፡ ወይትኃረሙ ፡ እምበረከተ ፡ ፈጣሬሆሙ ፡ እስመ ፡ ናሁ ፡ እሙ
ንቱ ፡ ይትዌከፉ ፡ ከመዝ ፡ ኵነኔ ፡ ዕበዶሙ ፡ በእንተ ፡ ዘኢፈቀዱ ፡ ይለብ
ዉ ፡ ውስተ ፡ ጥበበ ፡ እግዚአብሔር ፡ ወድቁ ፡ ውስተ ፡ ውዴተ ፡ ሰብእ ።
ኢታከብድ ፡ ነገሮሙ ፡ ሰበ ፡ ይብሉከ ፡ ይደልወነ ፡ ንጹም ፡ ዳዕሙ ፡
ኦሆ ፡ በሎሙ ፡ እስመ ፡ ይኄይሰከ ፡ ተመሲለከ ፡ ከማሆሙ ። ወባሕቱ ፡
ሠናየ ፡ ትገብር ፡ ለእመ ፡ ትበልዕ ፡ ሰበ ፡ ርኅብከ ፡ ወትሰቲ ፡ ሰበ ፡ ጸማ
ዕከ ፡ እስመ ፡ ከመዝ ፡ ፈቃዱ ፡ ለእግዚአብሔር ፡ ፈጣሬከ ፡ ዘፈጠረከ ፡
ምስለ ፡ መፍቅደ ፡ በሊዕ ፡ ወሰትይ ። ወአልቦ ፡ ኀሩም ፡ ውስተ ፡ ኵሉ ፡
ፍጥረተ ፡ ዚአሁ ፡ ወአልቦ ፡ ኀሩም ፡ ውስተ ፡ ኵሉ ፡ መብልዕ ፡ እንበለ ፡
*57 r°. ዘያማስን ፡ ሕይወተነ ፡ ባሕቲቱ ፡ *ወአልቦ ፡ ሕሩም ፡ ውስተ ፡ ኵሉ ፡
ዕለታተ ፡ ዕድሜነ ፡ ወመፍቅድነ ፡ በሊዕ ፡ ዕሩይ ፡ ውእቱ ፡ በኵሉ ፡ መ
ዋዕሊነ ። ወሰብእሰ ፡ ዘሠርዖ ፡ ሕገ ፡ ጾም ፡ ኢሐተቱ ፡ ወኢለበዉ ፡
ጥበበ ፡ ፈጣሬ ።

**ክፍል ፡ ፳፩ ።** ኢትፍቅድ ፡ ትልበስ ፡ ልብሰ ፡ ክቡረ ፡ እስመ ፡ ከ
ንቱ ፡ ውእቱ ፤ ልበስ ፡ ልብሰ ፡ ንጹሐ ፡ ወፀዓዳ ፡ ወኢትልበስ ፡ ልብሰ ፡
ርሱሐ ፡ ዘያማስን ፡ ጥዒና ፡ ወያወጽእ ፡ አበቀ ፡ ወለምጸ ፡ ውስተ ፡ ማ
ዕሰ ፡ አባልከ ። ወአንተሰ ፡ ሕፅብ ፡ ልብሰከ ፡ በበሕቁ ፡ እስሙ ፡ እግዚአብ
ሔር ፡ ፈጠረ ፡ ለከ ፡ ብዙኃ ፡ ማያተ ። ወኢትስክብ ፡ ወኢትኑም ፡ ላዕ
ለ ፡ ምድር ፡ ወኢላዕለ ፡ ቈጽል ፡ አው ፡ ሣዕር ፡ ርጡብ ፡ እስመ ፡ ያማ
ስን ፡ ጥዒና ፡ ወያወጽእ ፡ ዝልጋሴ ፡ ውስተ ፡ አባለ ፡ ሥጋከ ፤ ስክብ ፡
ወኑም ፡ ላዕለ ፡ ዓራት ፡ ዘይትሌዓል ፡ እምድር ፡ መጠነ ፡ ፪በእመት ፡
ውስተ ፡ ምድረ ፡ ደደክ ፡ ወመጠነ ፡ ፫አው ፡ ፬በእመት ፡ አው ፡ ዘይፈደ
ፍድ ፡ ውስተ ፡ ምድረ ፡ ቆላ ፡ ወሕሥሥ ፡ በኵሉ ፡ ንጽሕና ፡ ሥጋከ ፡
ወንጽሕና ፡ ነፍስከ ፡ ወኢትኩን ፡ ከመ ፡ እንስሳ ፡ ዘአልበሙ ፡ ልቡና ፡
*57 v°. ወኢትትመሰሎሙ ፡ እስመ ፡ እግዚአብሔር ፡ ወሀበከ ፡ *ልቡና ፡ ለዝ ፡
ኵሉ ፡ ወበከመ ፡ ተዓቢ ፡ እምኔሆሙ ፡ በልቡናከ ፡ ከማሁ ፡ አሠኒ ፡ ንብ
ረተከ ፡ እምንብረቶሙ ፡ ወሕንጽ ፡ ቤተከ ፡ ስፉሐ ፡ ወብሩሃ ፡ ወአስተሣ
ንዮ ፡ በብዙኅ ፡ ጥበብከ ፡ ወኢትንበር ፡ ውስተ ፡ ግብ ፡ ከመ ፡ ዝዕብ ፤
ተፈሣሕ ፡ በሠናያት ፡ ዘወሀበከ ፡ እግዚአብሔር ፡ ወኢትኩን ፡ ቂቁየ ፡

ወኢሀካየ ፡ ወአሠኒ ፡ መብልዓከ ፡ ወልብሰከ ፡ ወቤተከ ፡ ወኵሎ ፡ ንብረተከ ።

**ክፍል ፡ ፳፱ ።** ኢትኩን ፡ ጽኑዓ ፡ ምስለ ፡ ቢጽከ ፡ ወለእመ ፡ ብከ ፡ ብዙኀ ፡ ጥሪት ፡ ሀብ ፡ ብዙኃ ፡ ወለእመ ፡ ኀዳጥ ፡ ወለዝንቱኒ ፡ ተካፈሎ ፡ ምስለ ፡ ምስኪናኒከ ፡ ወምስለ ፡ እለ ፡ ይነድዩ ፡ እምኔከ ፡ ወበረከተ ፡ እግዚአብሔር ፡ የኃድር ፡ ላዕሌከ ፡ እስመ ፡ ውእቱ ፡ ፈጠረ ፡ ባዕለ ፡ ወምስኪነ ፡ ኃያለ ፡ ወድኩመ ፡ ኀቡረ ፡ ከመ ፡ ንትራዳእ ፡ በበይናቲነ ፡ ወናጽንዕ ፡ ተፋቅሮተነ ። ወፍልጥ ፡ ማእከለ ፡ ነዳያን ፡ ድኩማን ፡ ወማእከለ ፡ ነዳያን ፡ ሀካይያን ፡ ወሀበሙ ፡ ለድኩማን ፡ ዘይትረከብ ፡ ውስተ ፡ እዴከ ፡ ወለሀካይያንሰ ፡ በሎሙ ፡ ሑሩ ፡ ወተገበሩ ፡ ወተሴሰዩ ፡ ፍሬ ፡ ፃማክሙ ፡ ወኢትስማዕ ፡ ብካዮሙ ፡ ለሀካይያን ፡ *እመ ፡ ይብሉከ ፡ ንመውት ፡ በረኃብ ፡ እስመ ፡ ዝንቱ ፡ ውእቱ ፡ ሥርዓተ ፡ ፈጣሪ ፡ ዘኢይፈቅድ ፡ ይትቀነይ ፡ ይርኃብ ፡ ወይትኃጎል ፡ በንዴት ። ወለከሰ ፡ ይኄይሰከ ፡ ወሪው ፡ ንዋየከ ፡ ውስተ ፡ ባሕር ፡ እምውሂቦቱ ፡ ለሀካይ ፡ ከመ ፡ ኢይጽናዕ ፡ በሀኬቱ ፡ ወአንተ ፡ አግሕሦ ፡ እምኔከ ፡ እንበለ ፡ ምሕረት ፡ እስመ ፡ ዓላዌ ፡ ሕገ ፡ ፈጣሪ ፡ ውእቱ ። *58 r°.

**ክፍል ፡ ፴ ።** ከመ ፡ ብድብድ ፡ ዘያማስን ፡ ትውልደ ፡ ሰብእ ፡ ወከመ ፡ ከይሲ ፡ ዘብዙኀ ፡ ኅምዙ ፡ ከማሁ ፡ ሐሜት ፡ ዘይወጽእ ፡ እምአፈ ፡ ብእሲ ። ተዓቀብኬ ፡ እምሐሜት ፡ እስመ ፡ ብዙኀ ፡ እከያት ፡ ወምንዳቤያት ፡ ዘአልቦ ፡ ኍልቍ ፡ ይሠርፁ ፡ እምሐሜት ። ኢትስማዕ ፡ ዘየሐምዮ ፡ ለእኍሁ ፡ ወለእመኒ ፡ ይኤድሞን ፡ ቃሉ ፡ ለአእዛኒከ ፡ እስመ ፡ ለሊከ ፡ ኢትፈቅድ ፡ ይሕምዩከ ፡ ሰብእ ። ወበእንተዝ ፡ ይደልወከ ፡ ትትገኃሥ ፡ እምሐሜት ፡ ወሐሜትሰ ፡ በአማን ፡ ሠሪቅ ፡ ውእቱ ፡ እንተ ፡ ልሳንነ ፡ ትፌይት ፡ በላዕለ ፡ ስመ ፡ ቢጽነ ፡ ወበከመ ፡ ለሠራቂ ፡ ይደልዎ ፡ ኵነኔ ፡ በእንተ ፡ ዘሠረቀ ፡ ንዋየ ፡ ካልኡ ፡ ከማሁ ፡ ለሐማዪ ፡ ይደልዎ ፡ ዓቢይ ፡ ኵነኔ ፡ በእንተ ፡ ዘሠረቀ ፡ *ወአጥፍአ ፡ ሠናየ ፡ ስሞ ፡ ለቢጹ ፡ ወአንተ ፡ ዕቀብ ፡ አፉከ ፡ ወልሳነከ ፡ ወለእመኒ ፡ ትትናገር ፡ ምስለ ፡ ፍቁራኒከ ፡ እስመ ፡ ልሳንከ ፡ የአኪ ፡ እምኵሉ ፡ ፀርከ ፡ ወእንዘ ፡ ይወጽእ ፡ ቃልከ ፡ እምአፉከ ፡ ይመስለከ ፡ ጥዑመ ፡ ወድኅረሰ ፡ ይነድድ ፡ ከመ ፡ ነበልባለ ፡ እሳት ፡ በውስተ ፡ ብርዕ ፡ ይቡስ ፡ ወኢትክል ፡ አጥፍኦቶ ፡ በምንትኒ ፡ ግብር ። ወመፍትው ፡ ትድሉ ፡ በመዳልው ፡ ጥበብከ ፡ ኵሎ ፡ ነገረከ ፡ እምቅድመ ፡ ይፃዕ ፡ እምልብከ ፡ ወእመ ፡ አኮሰ ፡ ትኔስሕ ፡ በከንቱ ፡ እምድኅረ ፡ አውጻእከ ፡ በኢያእምሮትከ ፡ ወተዘከር ፡ ከመ ፡ አልቦ ፡ ነቢብ ፡ ዘይኄይስ ፡ እምአርምሞ ፡ እስመ ፡ አርምሞ ፡ ይኄይስ ፡ እምኵሉ ፡ ነቢብ ፡ ወብእሲ ፡ ነባቢ ፡ ኢያረትዕ ፡ በዲበ ፡ ምድር ። ወሀሎ ፡ ፩ብእሲ ፡ ወሖረ ፡ ኀበ ፡ ፩እምቀደምት ፡ ጠቢባን ፡ *58 v°.

ሕይቤሎ ፡ ንግረኒ ፡ አጠቢብ ፡ ምንት ፡ ይደልወኒ ፡ እግበር ፡ ከመ ፡ እርከብ ፡ ሰላመ ፡ ምስለ ፡ ኵሉ ፡ ሰብእ ። ወገብኦ ፡ ጠቢብ ፡ ኢያውሥኦ ፡ ወኢምንተኒ ፡ አላ ፡ አንበረ ፡ አሐተ ፡ እዴሁ ፡ ዲበ ፡ አፉሁ ፡ ወአንበረ ፡ ካልእተ ፡ እዴሁ ፡ ዲበ ፡ እስኪቱ ። ወበዝንቱ ፡ አመረ ፡ *59 r°. *ኀበ ፡ ፫ምክንያታት ፡ ዘያስተባዕስዎሙ ፡ ለሰብእ ፡ ፩ምስለ ፡ ካልኡ ፤ ወ፩እምኔሆሙ ፡ ልሳን ፡ ውእቱ ፡ ዘይትናገር ፡ ሕሡመ ፡ ወዕበደ ፡ ወሐሜተ ፡ ወፅርፈተ ፡ ወያወጽእ ፡ ባዕሰ ፡ ዘአልቦ ፡ ጕልቆ ። ወካልእ ፡ ምክንያትሰ ፡ ዘያስተባዕሶሙ ፡ ለኵሉ ፡ ሰብእ ፡ እስኪት ፡ ውእቱ ፡ ዘያፈደፍድ ፡ ዝሙተ ፡ ወያመጽእ ፡ ቀትለ ፡ ወፀብዓ ፡ እንበለ ፡ ዓቅም ፡ ወሣልስ ፡ ምክንያት ፡ አእዳው ፡ አመ ፡ ይሰፈሐ ፡ ኀበ ፡ ንዋየ ፡ ካልእ ። ወአንተሰ ፡ ለእመ ፡ ኮንከ ፡ ጠቢበ ፡ ⌈ዕቀብ ፡ አፉከ[1] ፡ ወልሳነከ ፡ በዓቢይ ፡ ጥንቃቄ ፡ ወኢትንግር ፡ ዘኢይበቍዓከ ፡ ወኢታፈድፍድ ፡ ነቢበ ፡ ወኢትጕጕዕ ፡ ለተናግሮ ። ወዓዲ ፡ ዕቀብ ፡ አእዳዊከ ፡ ወክልኦን ፡ ከመ ፡ ኢይሰፈሐ ፡ ኀበ ፡ ምንትኒ ፡ እምንዋየ ፡ ካልእ ፡ ለግሙራ ። እስመ ፡ ሠሪቅ ፡ ዓቢይ ፡ አበሳ ፡ ውእቱ ፡ ወፈድፋደ ፡ ያኀፍር ፡ ገጸ ። ወበከመ ፡ ኢትፈቅድ ፡ ይጥፋዕ ፡ ምንትኒ ፡ እምንዋይከ ፡ ከማሁ ፡ ዑቅ ፡ ኢታጥፍእ ፡ ንዋየ[2] ፡ ካልእከ ፡ ወኢታማስን ፡ ፍሬ ፡ ፃማሁ ፡ ከመ ፡ ኢይኅዝን ፡ በእንተ ፡ ግብርከ ፡ ወኢይርግምከ ፡ ወኢይክላህ ፡ ኀበ ፡ እግዚአ *59 v°. ብሔር ፡ ወኢይቅሥ*ፍከ ፡ ወለእመኒ ፡ አኅጐልከ ፡ ወአጥፋዕከ ፡ ምንተኒ ፡ እምንዋየ ፡ ካልእከ ፡ በፈቃድከ ፡ ወእንበለ ፡ ፈቃድከ ፡ ወለእመኒ ፡ ተረክበ ፡ ውስተ ፡ እዴከ ፡ ዕዳ ፡ ምስለ ፡ ቢጽከ ፡ በምንትኒ ፡ ምክንያት ፡ እምክንያታት ፡ ኢታጐንዲ ፡ አላ ፡ ፍድዮ ፡ ፍጡነ ፡ አምጣነ ፡ ዕዳከ ፡ ምስሌሁ ፡ ከመ ፡ ኢትትቀሠፍ ፡ ምስለ ፡ ፈያት ፡ ወለእመ ፡ ኢትፈርህ ፡ ኀፍረተ ፡ በኀበ ፡ ሰብእ ፡ ኢትክል ፡ ታምሥጥ ፡ እምኵነኔ ፡ እግዚአብሔር ፡ በምንትኒ ፡ ግብር ። ወተጋደል ፡ በዓቢይ ፡ ትጋህ ፡ ለዓቂበ ፡ እስኪትከ ፡ ወእመ ፡ አከ ፡ ይረክበከ ፡ እኩይ ፡ እንበለ ፡ ዓቅም ፡ እስመ ፡ አልቦ ፡ ሰላም ፡ ለዘማዊ ፡ ወአልቦ ፡ ምሕረት ፡ እምኀበ ፡ እግዚአብሔር ፡ ወእምኀበ ፡ ሰብእ ። ኢታልዕል ፡ አዕይንቲከ ፡ ኀበ ፡ ብእሲተ ፡ ብእሲ ፡ ከመ ፡ ትፍትዋ ፡ እስመ ፡ ቅጥቃጤ ፡ መሥገርት ፡ ባቲ ። ወለብእሲሰ ፡ ተአክሎ ፡ ብእሲቱ ፡ ወለብእሲትኒ ፡ የአክላ ፡ ምታ ። ቅድመሰ ፡ ይመስለከ ፡ ጥዑመ ፡ ወደኃሪቱኒ ፡ ይመርር ፡ እምኅምዝ ፡ አክይስት ፡ ኢትስማዕ ፡ ፍትወተ ፡ *60 r°. ሥጋከ ፡ ዘይስሕበከ ፡ ኀበ ፡ ብእሲተ ፡ ብእሲ ፡ አው ፡ ኀበ ፡ ምተ ፡ ብ*እሲት ፡ እስመ ፡ ዓቢይ ፡ ሠሪቅ ፡ ውእቱ ፡ ወድልው ፡ ለኵነኔ ።

**ክፍል ፡ ፳፬** ። ለእመ ፡ አልብከ ፡ ብእሲት ፡ አውስባ ፡ ወለእመ ፡ አል

[1] Voces additae supra lineam. — [2] Vox addita supra lineam.

ኀብከ ፡ ምት ፡ ተዋስቢ ፡ እስመ ፡ ትእዛዘ ፡ ፈጣሪ ፡ ውእቱ ፡ ዘፈጠረ ፡ ብእሴ ፡ ወብእሲተ ፡ ምስለ ፡ መፍቅደ ፡ አውስቦ ። ወኢትኩን ፡ ከመ ፡ እሉ ፡ አብዳን ፡ ዘያነውሩ ፡ አውስቦ ፡ ወኢትወድሶሙ ፡ ለመነከሳት ፡ ዘይመነኵሱ ፡ በውርዙቶሙ ። እስመ ፡ ዘከመዝ ፡ ምንኵስና ፡ ይነሥት ፡ ሥርዓተ ፡ ፈጣሪ ፡ ወይትቃረን ፡ ጠባይዓ ፡ ፍጥረትነ ፡ ወአውስቦሰ ፡ ዓቢይ ፡ ወቅዱስ ፡ ግብር ፡ ውእቱ ፡ ወያስተርኢ ፡ ቦቱ ፡ ጥበበ ፡ ፈጣሪ ፡ እምኵሉ ፡ ካልኣት ፡ ግብራተ ፡ እደዊሁ ። ወበእንተዝ ፡ ፈቀድኩ ፡ እጽሐፍ ፡ ዝየ ፡ በእንቲአሁ ፡ እስመ ፡ እምኵሎን ፡ ምሥጢራተ ፡ ፍጥረት ፡ ይሜኒ ፡ ወየዓቢ ፡ አውስቦ ፡ ወእምኵሎን ፡ ይበቍዕ ፡ ለትውልደ ፡ ሰብእ ፡ ወለኵሉ ፡ ንብረቱ ፡ ወይኤምር ፡ ኀበ ፡ ጥበበ ፡ ፈጣሪሆሙ ፡ ወይሴብሐ ፡ ለዘሰቡሐ ፡ ተሰብሐ ፡ በምሥጢረ ፡ አውስቦ ፡ ወባሕቱ ፡ ሰብእሰ ፡ ኢያእመሩ ፡ ሰነ ፡ ዚአሁ ፡ ወመነንዎ ፡ ወአስተሐቀርዎ ፡ ከመ ፡ ኳሄላ ፡ እስመ ፡ ከንቱ ፡ ኵሉ ፡ ደቂቀ ፡ እጓለ ፡ እመሕያው ፡ ወሐሳውያን ፡ ዘይዔምፁ ፡ መዳልወ ፡ *ወያከብሩ ፡ ምናኔ ፡ ወይሜንኑ ፡ ክብረ ፡ ዘበእማን ። [*60 v°.] እስመ ፡ በከመ ፡ ዕፅ ፡ ልምሉም ፡ ዘይፈሪ ፡ ይኄይስ ፡ እምዕፅ ፡ ይቡስ ፡ ወምጽልው ፡ ከማሁ ፡ አውስቦ ፡ ይኄይስ ፡ እምንኵስና ፡ ወመዳልወ ፡ ሰብእሰ ፡ ይዔምፅ ፡ ወያከብር ፡ ምንኵስና ፡ እምአውስቦ ። ኢትስምዖሙ ፡ ዳዕሙ ፡ ሐሊ ፡ ከመ ፡ ሰብእ ፡ በአውስቦ ፡ ይከውን ፡ ፈጣሬ ፡ አምሳለ ፡ ፈጣሪሁ ፡ ወይፌጽም ፡ ምክሮ ፡ ለልዑል ፡ ወጥበበ ፡ ስቡሐ ፡ ወለእመ ፡ አውስቦ ፡ ኢኮነ ፡ ቅዱሰ ፡ እምንኵስና ፡ እምኢአዘዘሙ ፡ እግዚአብሔር ፡ ለሰብእ ፡ ያውስቡ ። ተስእኖኑ ፡ ለፈጣሪ ፡ መሪሐ ፡ ሰብእ ፡ በካልእ ፡ ፍና ፡ ለወሊደ ፡ ውሉድ ፡ እንበለ ፡ አውስቦ ፡ ወባሕቱ ፡ ኢፈቀደ ፡ ምንኵስና ፡ አላ ፡ ፈጠረ ፡ ብእሴ ፡ ወብእሲተ ፡ ከመ ፡ ይኅብሩ ፡ በሥርዓተ ፡ አውስቦ ፡ ወኢይደልወነ ፡ ናንውር ፡ ወናትሕት ፡ ሥርዓተ ፡ ፈጣሪ ፡ እምታሕተ ፡ ሥርዓተ ፡ ሰብእ ። እስመ ፡ ምንኵስና ፡ እምሥርዓተ ፡ ሰብእ ፡ ወአውሰበሰ ፡ እምሕገ ፡ ፍጥረት ፡ ወእምፈቃደ ፡ ፈጣሪ ፡ ዘሠርዓ ፡ አውስቦ ፡ ወአጽንዖ ፡ ወአስተዛነዮ ፡ ወዓሠዮ ፡ በጣዕም ፡ ዘየዓቢ ፡ እምኵሎሙ ፡ ጣዕማተዝ ፡ ዓለም ፡ ወሰሐቦ ፡ ለሰብእ ፡ ኀበ ፡ ዛቲ ፡ ንብረ*ተ ፡ አውስቦ ፡ በኀቡዕ ፡ ኃይል ፡ ዘኢይትከሐል ፡ ዓብዮቱ ፡ [*61 r°.] ከመ ፡ ኢይትነሠት ፡ ንብረተ ፡ ሰብእ ፡ ወኢይትኃጐል ፡ ትውልዶሙ ። ኵሉ ፡ ፍናዊሁ ፡ ለእግዚአብሔር ፡ ጽድቅ ፡ ወርትዕ ፡ ወመንክር ፡ ኵሉ ፡ ጥበቡ ። ወሰብእሰ ፡ በኢያእምሮቶሙ ፡ ሠርዑ ፡ ምንኵስና ፡ ዘይነሥታ ፡ ለቀዳሚት ፡ ሕግ ፡ ዘፍጥረትነ ፡ ወሐለዩ ፡ ምክረ ፡ እንተ ፡ ኢይክሉ ፡ ዓቅሞ ። እስመ ፡ ብእሲ ፡ መነኮስ ፡ ውጹእ ፡ ውእቱ ፡ እምፍና ፡ እንተ ፡ ፈጠሮ ፡ እግዚአብሔር ፡ ወኢይክል ፡ ለግሙራ ፡ አቂመ ፡ ምክረ ፡ ዘኢፈቀደ ፡ ፈጣሪሁ ። ወበእንተዝ ፡ ንሬኢ ፡ ኵሎ ፡ ዓሚረ ፡ መነኮሳተ ፡

ካልኡ ፡ ወይፈትዉ ፡ ካልእ ፡ አውስበ ፡ ዘይመስሎሙ ፡ ይኄይሶሙ ፡ አው ፡ ጸሊዮሙ ፡ አውስበ ፡ ይፈቅዱ ፡ ተፈልጦቶ ፡ ኢትኩን ፡ ከማሆሙ ፡ እስመ ፡ ስሕቱ ፡ ዓቢየ ፡ ስሕተተ ። ወአንተሰ ፡ አጽንዖ ፡ ለልብከ ፡ ወቁም ፡ በቀዳሚ ፡ አውስበ ፡ ዘአስተፃመረ ፡ ለከ ፡ እግዚአብሔር ፡ ወዘይኄይሰከ ፡ እምደኃሪ ። ወቅለተ ፡ ጠባይዕነሰ ፡ ያርእዮ ፡ ለብእሲ ፡ ተኀይሶ ፡ ካልእት ፡ ብእሲት ። ወያርእያ ፡ ለብእሲት ፡ የኀይሳ ፡ ካልእ ፡ ብእሲ ፡ ወዝንቱሰ ፡ ስሕተት ፡ ውእቱ ፡ ኢትሑሩ ፡ በሕሊና ፡ ፍትወትክሙ ፡ ዛቲ ፡ ዘኢኮነ ፡ ሠናየ ፡ ወኢይበቍዓክሙ ፡ ወኢምንተኒ ፡ እንበለ ፡ ያምርር ፡ ወያከብድ ፡ ንብረተክሙ ፡ ወይስሕብክሙ ፡ ኀበ ፡ ዝሙት ። ዳዕሙ ፡ ጽንዑ ፡ በዝንቱ ፡ አውስበ ፡ ወአሠንይዎ ፡ በኵሉ ፡ ከሂሎትክሙ ። እስመ ፡ አልብክሙ ፡ በቍዔት ፡ በወልጠ ፡ ብእሲት ፡ ሀየንተ ፡ ብእሲት ፡ ወበወልጠ ፡ ብእሲ ፡ ሀየንተ ፡ ብእሲ ፡ ወበቍዔትሰ ፡ *64 r°. ብክሙ ፡ በአሠንዮ ፡ አውስበ ፡ *ቀዳማዊ ፡ ዘተፃመረ ፡ በፈቃደ ፡ እግዚአብሔር ። ወዘእግዚአብሔር ፡ አስተፃመረ ፡ ኢይፍልጥ ፡ ፍትወትክሙ ፤ ከመ ፡ ኢይርከብክሙ ፡ ኵነኔ ፡ ዘሠርዓ ፡ እግዚአብሔር ፡ በላዕለ ፡ እለ ፡ የዓብዩ ፡ ሐዊረ ፡ በፍና ፡ እንተ ፡ መርሐሙ ። በከመ ፡ በጽሐ ፡ በዝንቱ ፡ መዋዕል ፡ ለ፩እምአኀዛማድየ ፡ አብዳን ። ወዝንቱ ፡ ብእሲ ፡ አውሰበ ፡ ብእሲተ ፡ አመ ፡ ንዕሱ ፡ ወነበረ ፡ ምስሌሃ ፡ በሰላም ፡ ፲ዓመተ ። ወድኅረ ፡ ርእየ ፡ ካልእተ ፡ ወይቤ ፡ በልቡ ፡ ዛቲሰ ፡ ትኄይሰኒ ፡ እምብእሲትየ ፡ ወሖረ ፡ ወደኃራ ፡ ለቀዳሚት ፡ ወአውሰባ ፡ ለካልእት ። ወምግባራሰ ፡ ለዛቲ ፡ እኩይ ፡ ጥቀ ፡ ወእምድኅረ ፡ ኅዳጥ ፡ መዋዕል ፡ ተበአሱ ፡ በበይናቲሆሙ ። ወእንዘ ፡ ይፈቅድ ፡ ወለዛቲኒ ፡ ይድኃራ ፡ ይእቲ ፡ ሖረት ፡ ወአስተዋደየቶ ፡ ኀበ ፡ ሥዩመ ፡ ሀገርነ ፡ በነገረ ፡ ሐሰት ፡ ወእምድኅረ ፡ ብዙኅ ፡ ተዋቅሦ ፡ ተሞቅሐ ፡ ዝኩ ፡ ብእሲ ፡ ወፈደየ ፡ ኵሎ ፡ ንዋየ ፡ ዘተረክበ ፡ ውስተ ፡ እዴሁ ። ወእምድኅረ ፡ ፪ዓመት ፡ አውሰበ ፡ ዓዲ ፡ ብእሲተ ፡ ወኮነት ፡ መዓትምተ ፡ ወታበ *64 v°. ዝኅ ፡ ነገረ ፡ ወበ፩እመዋዕል ፡ ፈቀደ ፡ ይዝብጣ ። *ወይእቲሰ ፡ ቀደመቶ ፡ ወወረወት ፡ በላዕሌሁ ፡ ስጡቀ ፡ ዕፀ ፡ ወሰረረ ፡ ዕፅ ፡ ወተተክለ ፡ ውስተ ፡ ዓይኑ ፡ ዘየማን ፡ ወአጥፍኦ ፡ ወሀሎ ፡ ዝንቱ ፡ ነዳር ፡ እስከ ፡ ዮም ፡ ምስለ ፡ ዛቲ ፡ ብእሲት ፡ ዘትሣቅዮ ፡ መዓልተ ፡ ወሌሊተ ፡ እንዘ ፡ ኵልነ ፡ ንሣለቅ ፡ ላዕሌሁ ፡ ውእቱሰ ፡ ይትዔገሥ ፡ ወይብል ፡ እስመ ፡ ለልየ ፡ አምጻእኩ ፡ በላዕሌየ ፡ ዘንተ ፡ ሥቃየ ፡ ወቀዳሚት ፡ ብእሲትየ ፡ ከነት ፡ ሠናይተ ፡ ወኢፈቀድኩ ፡ ነቢረ ፡ ምስሌሃ ፡ በሰላም ፡ ወአውሰብኩ ፡ ዳግሚተ ፡ ወአጥፍአት ፡ ንዋይየ ፡ ወሣልሲትሰ ፡ አጥፍዓት ፡ ዓይንየ ፡ ወለእመሰ ፡ አውሰብኩ ፡ ራብዒተ ፡ ትቀትለኒ ። ወአንተሰ ፡ ኢትኩን ፡ ከማሁ ። ወኢይምሰልከ ፡ ለእመ ፡ ደኃ

ርከ ፡ ብእሲተ ፡ እኪተ ፡ ዘትረክብ ፡ ሠናይተ ፡ ወይኄይሰከ ፡ ለእመ ፡ ለመድከ ፡ ምስለ ፡ ዛቲ ፡ ዘወሀበከ ፡ እግዚአብሔር ፡ ወረሰይካ ፡ ሠናይተ ፡ በምክር ፡ ወበአርአያከ ፡ ወበርኅራኄከ ፡ እስመ ፡ ርኅራኄ ፡ ያሜኒ ፡ ኵሎ ፡ ንብረተ ፡ ወጠባይዕሰ ፡ መሪር ፡ ያማስን ፡ ኵሎ ።

**ክፍል ፡ ፳፮ ።** ኵኑ ፡ ከሐልያነ ፡ በበይናቲከሙ ፡ ላዕለ ፡ ጠባይዐከሙ ፡ ስሑከ ፡ ወላዕለ ፡ ነውርከሙ ፡ ኅቡዕ ፡ *እስመ ፡ ኢይትረከብ ፡ ውስተ *65 r°. ፡ ኵሉ ፡ ዓለም ፡ ብእሲ ፡ ዘአልበ ፡ ነውር ፡ ወኢብእሲት ፡ ዘአልባቲ ፡ ነውር ። ወሠናየ ፡ ይቤ ፡ ፩እምጠቢባን ፡ ሰበሰ ፡ ለሰብእ ፡ አልቦ ፡ ነውር ፡ እምኢሞተ ፤ እስመ ፡ እምኢከነ ፡ ሰብአ ። ወአንተሰ ፡ አብእሲ ፡ ሐሊ ፡ ከመ ፡ ብእሲት ፡ ድክምት ፡ ፍጥረት ፡ ይእቲ ፡ ወሕፅፅተ ፡ አእምሮ ። ወበእንተዝ ፡ ኩን ፡ ከሐሴ ፡ ላዕለ ፡ ሳሕከ ፡ ጠባይዓ ፡ ወላዕለ ፡ ፍድፉድ ፡ ነገረ ፡ ልሳና ፡ ወአኅልፍ ፡ ቍጥዓሃ ፡ በአስተቃልሎ ፡ ወኢትትዋቀሥ ፡ ምስሌሃ ፡ ለግሙራ ። ወለእመ ፡ ለመድከ ፡ በዝግብር ፡ ይከውነከ ፡ ቀሊለ ። ወአንቲሰ ፡ አብእሲቶ ፡ አሥምሪዮ ፡ ለምትኪ ፡ በኵሉ ፡ ከሂሎትኪ ፡ ወአስተፍሥሒዮ ፡ በመብልዕ ፡ ወመስቴ ፡ ወበአሠንዮ ፡ ቤቱ ፡ ወንብረቱ ፡ እስመ ፡ ኢይክል ፡ ያፍቅርኪ ፡ ምትኪ ፡ ለእመ ፡ ኢያፍቀርኪዮ ፡ አንቲ ፡ እመሰ ፡ አፍቀርኪዮ ፡ ኢይክል ፡ ይጽላእኪ ። ወሀሎ ፡ ፩ብእሲ ፡ ወብእሲቱ ፡ ሀካይት ፡ ወድርክት ፡ ወብእሲሃ ፡ ጸልዓ ፡ ወአኀዘ ፡ ይሑር ፡ ኀበ ፡ ካልእት ፡ ወአቅንዓ ፡ ለብእሲቱ ፡ ወይእቲ ፡ ተንሥአት ፡ ወሖረት ፡ ኀበ ፡ ዓቃቤ ፡ ሥ*ራይ ፡ ወትቤሎ ፡ ምትየ ፡ ጸልዓኒ ፡ *65 v°. ወይእዜኒ ፡ ግበር ፡ ሊተ ፡ ሥራየ ፡ ከመ ፡ ያፍቅረኒ ፡ ወውእቱ ፡ ይቤላ ፡ አሆ ፡ ወባሕቱ ፡ ሑሪ ፡ ወንጽዒ ፡ ፫ጸጕረ ፡ እምፍጽመ ፡ አንበሳ ፡ ወአምጽኢዮን ፡ ሊተ ፡ እስመ ፡ ይትፈቀዳ ፡ ለዝንቱ ፡ ሥራይ ። ወሖረት ፡ ወሐለየት ፡ ወትቤ ፡ እፎ ፡ ይከውነኒ ፡ እቅርብ[1] ፡ ኀበ ፡ አንበሳ ፡ ወኢይብልዓኒኑ ። ወአኀዘት ፡ ፩በግዓ ፡ ወሖረት ፡ ገዳመ ፡ ወወጽአ ፡ አንበሳ ፡ ወሮጸ ፡ ላዕሌሃ ፡ ይብልዓ ፡ ወይእቲ ፡ ወሀበቶ ፡ በግዓ ፡ ወጐየት ፡ ወአንበሳ ፡ ረኪቦ ፡ ዘይበልዕ ፡ ኀደገ ፡ ተሊዎታ ፡ ወበሣኒታ ፡ ገብረት ፡ ከማሁ ፡ ወጸንዓት ፡ በዝ ፡ ግብር ፡ ብዙኃ ፡ መዋዕለ ፡ እስመ ፡ አኀዛ ፡ ቅንዓተ ፡ ምታ ። ወአንበሳሰ ፡ ሶበ ፡ ርእየ ፡ ከመ ፡ ዛቲ ፡ ብእሲት ፡ ታመጽእ ፡ ሎቱ ፡ መብልዓ ፡ ኢጸልዓ ፡ እንከ ፡ ዳዕሙ ፡ አፍቀራ ፡ ወእንዘ ፡ ይእቲ ፡ ትመጽእ ፡ ምስለ ፡ በግዕ ፡ ይትሜከፉ ፡ በፍሥሐ ፡ በአንሰሐስሖ ፡ ዘነቡ ፡ ወይሔምኃ ፡ ከመ ፡ ከልብ ፡ ወይትዋነይ ፡ ምስሌሃ ። ውእተ ፡ ዓሚረ ፡ ነጸየት ፡ እምፍጽሙ ፡ ፫ጸጕረ ፡ ወአምጽአቶን ፡ ኀበ ፡ ዓቃቤ ፡ ሥራይ ። ወትቤሎ ፡ ናሁ ፡ አምጻእኩ ፡ ለከ ፡ ዘይትፈቀድ ፡ ለሥራይ ። ወይቤላ ፡

[1] Sic ms.

ጥበብ ፡ ወምክር ፡ በዘየአምሩ ፡ ከመ ፡ በእንቲአሆሙ ፡ ወበእንተ ፡ በቍ
ዔቶሙ ፡ ዘገሠጽከሙ ። ወመሀርሙ ፡ ወአለብዎሙ ፡ ዘልፈ ፡ በነገረ ፡
*68 v°. ትምህርት ፡ *ወበነገረ ፡ ምሳሌ ፡ ወበታሪካት ፡ ወአርአያት ፡ ዘካልአን ፡
ሰብእ ፡ ከመ ፡ ይትገኃሡ ፡ እምእኩይ ፡ ወይትመሀሩ ፡ ገቢረ ፡ ሠናይ ።
ወዓዲ ፡ መሀርሙ ፡ በነገረ ፡ ጽሒፈታት ፡ ወትምህርታት ፡ ወመጻሕፍት ፡
ወመሀርሙ ፡ በገቢረ ፡ ግብረ ፡ እድ ፡ ወበኵሉ ፡ ዘይበቍዖሙ ፡ ወኢት
ድክም ፡ ወኢይደቅ ፡ ልብከ ። እስመ ፡ ኵሉ ፡ ፃማከ ፡ ዘፃመውከ ፡ ወ
ኵሉ ፡ ድካም ፡ ዘደከምከ ፡ ወኵሉ ፡ ትዕግሥት ፡ ዘተዓገሥከ ፡ በአል
ህቆ ፡ ውሉድከ ፡ ይትኌለቍ ፡ ለከ ፡ በኀበ ፡ እግዚአብሔር ፡ ወዓቢየ ፡
ዕሤተ ፡ የዓሥየከ ፡ ወውሉድከ ፡ ያስተፌሥሕዋ ፡ ለርስዓንከ ፡ ወያወርዱ ፡
ሲበተከ ፡ ውስተ ፡ መቃብር ፡ በሰላም ፡ ወበተስፋ ፡ ዘኢይማስን ። እመ
ሰ ፡ መነንከ ፡ አልህቆቶሙ ፡ ለውሉድከ ፡ እሙንቱኒ ፡ ይከውኑ ፡ እኩያነ ፡
ወለከኒ ፡ ይረከበከ ፡ ኵነኔ ፡ እምኀበ ፡ እግዚአብሔር ፡ ወእመ ፡ ርስዕከ ፡
ትበኪ ፡ መሪረ ፡ ላዕለ ፡ እከዮሙ ፡ መኢይሰምዑከ ፡ ውሉድከ ፡ አላ ፡ ይሜ
ንኑከ ፡ በከመ ፡ አንተኒ ፡ መነንከ ፡ አልህቆቶሙ ፡ ወምሂሮቶሙ ፡ ወአስተ
ሣንዮቶሙ ፡ እመ ፡ ንዑሰሙ ። አርኅቅ ፡ እምኔከ ፡ ዘንተ ፡ መቅሠፍተ ፡
*69 r°. በጊዜ ፡ ርቱዕ ፡ ወሰአል ፡ ኀበ ፡ እግዚ*አብሔር ፡ ከመ ፡ ያጥብቦሙ ፡ ለ
ውሉድከ ፡ ወያሠኒ ፡ ጠባይዖሙ ፡ ወያለብዎሙ ፡ በኵሉ ፡ ግብር ፡ ሠናይ ፡
ወአንተ ፡ ትትፌሣሕ ፡ በርስዓን ፡ ጥሉል ፡ ወትከውን ፡ ዕሩፈ ።

**ክፍል ፡ ፳፱ ።** ፈቲን ፡ ወመከራ ፡ ሕይወቱ ፡ ለሰብእ ፡ በዲበ ፡
ምድር ፡ ወኢይክል ፡ አሠንዮቶ ፡ እንበለ ፡ በትዕግሥት ፡ ወበጥበብ ። ይ
ኄይስ ፡ ተዓጋሢ ፡ እምኃያል ፡ ወይሤኒ ፡ ጠቢብ ፡ እመዓትም ፡ በኵሉ ፡
ምንዳቤከ ፡ ተዓገሥ ፡ ትዕግሥተ ፡ እስመ ፡ ትዕግሥትሰ ፡ በጊዜ ፡ ይከው
ን ፡ መሪረ ፡ ወድኅሬሁሰ ፡ ይጥዕም ፡ እመዓር ፡ ወሦከር ። ወኢትርሣእ ፡
ለግሙራ ፡ ከመበ ፡ ጊዜ ፡ ለኵሉ ፡ ወዘተገብረ ፡ እንበለ ፡ ጊዜሁ ፡ ይከ
ውን ፡ ኃሣረ ፡ ወቅጥቃጤ ፡ ወአእምሮ ፡ ጊዜሁ ፡ ለኵሉ ፡ ግብር ፡ ዓቢ
ይ ፡ ጥበብ ፡ ውእቱ ፡ ዘይኄይስ ፡ እምኵሎን ፡ ትምህርታት ። ወአንተ ፡
ልምድ ፡ በዝንቱ ፡ ጥበብ ፡ ወንበር ፡ ምስለ ፡ ሰብእ ፡ በከመ ፡ ዘመንከ ፡
ወግዕዘ ፡ ብሔርከ ፡ ወኢትበል ፡ በከመ ፡ ኵሎሙ ፡ አዕሩግ ፡ አብዳን ፡
እለ ፡ ይብሉ ፡ ኵሎ ፡ ዓሚረ ፡ ዘመን ፡ ዘትካት ፡ ክነ ፡ ሠናየ ፡ ወዝ
ንቱ ፡ ዘመንሰ ፡ እኩይ ፡ ውእቱ ፡ እስመ ፡ ለኵሉ ፡ ዘመን ፡ በ ፡ እኩይ ፡
*69 v°. ወሠናይ ፡ ኀቡረ ፡ ወለእመ ፡ ንሴቡ ፡ ታሪካተ ፡ ዓለም ፡ ንረክ*ብ ፡ በኵ
ሉ ፡ ዘመን ፡ ወዘየአኪሂኬ ፡ እምዘመንነ ። ወተስእልዎ ፡ ለ፩እምጠቢባን ፡
ወይቤልዎ ፡ እፎ ፡ ክነ ፡ ዝንቱ ፡ ዘመን ፡ ወይቤሎሙ ፡ ዘመንሰ ፡ ለሊ
ከሙ ፡ ውእቱ ፡ ወለእመ ፡ ሠነይክሙ ፡ አንትሙ ፡ ይሤኒ ፡ ዘመን ፡ ወለ
እመ ፡ አንትሙ ፡ ሐሰምክሙ ፡ ወዘመንሂ ፡ የሐስም ። ወአንተ ፡ ኩን ፡

ሠናየ ፡ ወይሜኒ ፡ ለከ ፡ ዘመንከ ፡ ወኢታንውሮ ፡ ለግዕዘ ፡ ዘመንከ ። አላ ፡ ኅድጎ ፡ ይኅልፍ ፡ በጥበቡ ፡ እስመ ፡ ትውልድ ፡ ትመጽእ ፡ ወትውልድ ፡ ተኃልፍ ። ወኵላ ፡ ትውልድ ፡ ተሐውር ፡ በጥበባ ፡ እንተ ፡ አርአያ ፡ ላቲ ፡ ፈጣሪሃ ፡ ወኢኮነ ፡ ለመኑሂ ፡ ከመ ፡ ይሚጣ ፡ እምፍና ፡ እንተ ፡ ባቲ ፡ መርሐ ፡ እግዚኡ ፡ ለኵሉ ፡ ዘመን ። ወአንተሰ ፡ አሠኒ ፡ ምግባረከ ፡ በከመ ፡ ግዕዘ ፡ ዘመንከ ፡ ወአስተሰነዓዎ ፡ ምስሌሁ ፡ ወሰአል ፡ ኀበ ፡ እግዚአብሔር ፡ ከመ ፡ ይምርሖሙ ፡ ለእለ ፡ ይመጽኡ ፡ ድኅሬከ ፡ ኀበ ፡ ዘይሜኒ ፡ ፍና ። ወኢትትከዝ ፡ በእንተ ፡ እከየ ፡ ዘመንከ ፡ ወኢትኩን ፡ መሪረ ፡ ላዕለ ፡ እከዮሙ ፡ ለሰብእ ፡ ብሔርከ ። አላ ፡ ዑቅ ፡ ርእሰከ ፡ ወአኅልፍ ፡ ኵሎ ፡ በአስተቃልሎ ። ወሰሐቅ ፡ ላዕለ ፡ ጥውየተ ፡ ምግባራቲሆሙ ፡ ለጠዋያን ። እስመ ፡ ለእመ ፡ ተዛለፍከ ፡ ለጠዋይ ፡ በክቡድ ፡ ቃልከ ፡ ይጸል*አከ ፡ ወይረክበከ ፡ ኃሣር ፡ እመሰ ፡ ተሣለቀ ፡ ላዕሌሁ ፡ (70 r°.) በጠቢብ ፡ ስላቅ ፡ የኃፍር ፡ ወይትመየጥ ፡ እምጥውየቱ ።

**ክፍል ፡ ፴ ።** ኢትእመን ፡ በኵሉ ፡ ሰብእ ፡ ዘመጽአ ፡ ኀቤከ ፡ እስመ ፡ ዘየአምን ፡ በኵሉ ፡ ሰብእ ፡ ዘረከበ ፡ ዓብድ ፡ ውእቱ ። ኵሎ ፡ አምክር ፡ ወዘሠናይ ፡ አጽንዕ ። ተዓቀብ ፡ እምጸላእትከ ፡ ፩ጊዜ ፤ ወተዓቀብ ፡ እምፍቁርከ ፡ ፲፻ጊዜያተ ፡ እስመ ፡ ፍቁርከ ፡ ያወጽእ ፡ ምሥጢረከ ። ወምሥጢርከሰ ፡ እስከ ፡ ሀሎ ፡ ውስተ ፡ ልብከ ፡ ኮነ ፡ ሕሡረ ፡ በፈቃድከ ፡ ወለእመ ፡ አውጻእከ ፡ እምአፉከ ፡ አንተ ፡ ትከውን ፡ ሕሡረ ፡ በማእሠሩ ። ኢትእመን ፡ በሀብተ ፡ ሰብእ ፡ ተአመን ፡ በጥበብከ ፡ ወበተግባርከ ፡ ወበፍሬ ፡ ፃማከ ። ወእምቅድመ ፡ ኵሉ ፡ ተአመን ፡ በሀብት ፡ ወበበረከተ ፡ እግዚአብሔር ፡ ወኢትእመን ፡ በፍቁራኒከ ። እስመ ፡ ጌሠም ፡ ይከውኑከ ፡ አጽራሪከ ፡ ተአመን ፡ በግብረ ፡ እደዊከ ፡ ዘኢይወጽእ ፡ እምፈቃድከ ፡ ወአፍቅሮሙ ፡ ለእለ ፡ ይሣተፉ ፡ ምስሌከ ፡ ወለእለ ፡ ይቀርቡከ ፡ ወአስተማስል ፡ ዘትትአመን ፡ በሙ ፡ ወባሕቱ ፡ ኢትእመን ፡ ፍጹመ ፡ ወኢበመኑሂ ፡ ወበኵሉ ፡ ተሳትፎትከ ፡ ምስለ ፡ ሰብእ ፡ ሐሊ ፡ ቅድመ ፡ ወኀሥሥ[1] ፡ አሐደ ፡ ሙጻአ ፡ ከመ ፡ ታምሥጥ ፡ ⌜እመሠገርቶሙ ፡ ለሰብእ[2] ፡ *ለእመ ፡ ይፈቅዱ ፡ እኩየ ፡ ላዕሌከ ። ኩን ፡ ትጉሃ ፡ እስመ ፡ (70 v°.) ኵሉ ፡ ሰብእ ፡ እለ ፡ ይመስሉከ ፡ ሠናያነ ፡ ኢኮኑ ፡ ሠናያነ ፡ ወእለ ፡ ገብሩ ፡ ለከ ፡ ሠናየ ፡ ፩ደ ፡ ጊዜ ፡ ኢይገብሩ ፡ ዘልፈ ፡ ሠናየ ፡ ዑቅ ፡ እንከ ፡ ከመ ፡ ኢትደቅ ፡ ውስተ ፡ መሥገርተ ፡ ሰብእ ፡ ወእግዚአብሔርሃ ፡ ፍራህ ፡ ከመ ፡ ኢትግበር ፡ ምንተኒ ፡ እኩየ ፡ ላዕሌሆሙ ። ወኢትፍድዮሙ ፡ እኩየ ፡ ህየንተ ፡ እኩይ ፡ ዘገብሩ ፡ ለከ ፡ አላ ፡ ግድፍ ፡ ላዕለ ፡

[1] Vox add. supra lineam. — [2] Voces additae in margine secunda ut videtur manu.

እግዚአብሔር ፡ ሕሊናከ ፡ ወኅድግ ፡ እከዮሙ ፡ ለሰብእ ፡ ይግባዕ ፡ ላዕለ ፡ ርእሶሙ ፡ ለእለ ፡ ይገብርዋ ። ወኢትበል ፡ ለግሙራ ፡ ውስተ ፡ ልብከ ፡ እስመ ፡ ጸላእትየ ፡ ገብሩ ፡ እኩየ ፡ ላዕሌየ ፡ በእንተዝ ፡ እትቤቀሎሙ ፡ እኩየ ። እስመ ፡ ዝግብር ፡ ከንቱ ፡ ውእቱ ፡ ወኢይበቍዓከ ፡ ለነቢሮትከ ፡ ምስለ ፡ ሰብእ ፡ ወያመጽእ ፡ ባዕሰ ፡ ወጽልዓ ፡ ዘአልበ ፡ ኍልቍ ፡ ወይኄይሰከ ፡ ለእመ ፡ ኅባዕከ ፡ ውስተ ፡ ልብከ ፡ ኵሎ ፡ ኅዘነከ ፡ ዘአኅዘኑከ ፡ ሰብእ ።

**ክፍል ፡ ፴፩ ።** ቅንዮ ፡ ለቍጥዓከ ፡ ዘይሠርፅ ፡ ውስተ ፡ ልብከ ፡ እስመ ፡ ቍጥዓ ፡ ያጠፍእ ፡ ጥበበ ፡ ወኢይሰነዓው ፡ ምስለ ፡ ፈቃደ ፡ ፈጣሪ ፡ *71 r°. ዘአዘዘ ፡ ይንበሩ ፡ ሰብእ ፡ ኅቡረ ፡ ውስተ ፡ *ዝንቱ ፡ ዓለም ፡ ወይትፋቀሩ ፡ ወይትራድኡ ፡ በበይናቲሆሙ ፡ ወቍጡዓንሰ ፡ ኢይክሉ ፡ ነቢረ ፡ ኅቡረ ፡ በሰላም ፡ ዳዕሙ ፡ ይትበአሱ ፡ ኵሎ ፡ ዓሚረ ፡ በበይናቲሆሙ ፡ ወይፃረፉ ፡ ወይዛበጡ ፡ ወይትቃተሉ ። ኢትኩን ፡ ከማሆሙ ፡ አላ ፡ አሠንዮ ፡ ለንብረትከ ፡ በጥበብ ፡ ወበተኅብኦ ፡ ወእከ ፡ በተዓግሎ ፡ ወበተኃይሎ ፡ እስመ ፡ ጣዕመ ፡ ሕይወት ፡ ይትረከብ ፡ በንብረት ፡ ኅቡዕ ፡ ወትሑት ፡ ወበእንተዝ ፡ ተገኃሥ ፡ እምኵሉ ፡ ትዕቢት ፡ ወኢይትዓበየከ ፡ ልብከ ፡ ወኢትሑር ፡ ምስለ ፡ ዓበይት ፡ ወኢትኅበር ፡ ምስለ ፡ ክቡራን ። ወኢትፍቅድ ፡ ትክበር ፡ ላዕለ ፡ ካልዓን ፡ ዳዕሙ ፡ ንበር ፡ ዕሩየ ፡ ወኅቡዓ ፡ ማእከለ ፡ ሕዝብ ፡ ወትረክብ ፡ ብዙኃ ፡ ሰላመ ፡ በኅቤከ ። እስመ ፡ በከመ ፡ [ዘ]ያንሶሱ ፡ ውስተ ፡ መርህብ ፡ ታሕተ ፡ ኢይፈርህ ፡ ድቀተ ፤ ዘሰ ፡ ወጽአ ፡ መልዕልተ ፡ ናሕስ ፡ ይፈርህ ፡ ድቀተ ፡ ወአምጣነ ፡ ተለዓለ ፡ ይከውን ፡ ድቀቱ ፡ ትሑተ ፡ ወቅጥቁጠ ። ከማሁ ፡ ዘይነብር ፡ ኅቡአ ፡ ማእከለ ፡ ሕዝብ ፡ ኢይረክበ ፡ ኃሣር ፤ ዘሰ ፡ ከብረ ፡ ወተለዓለ ፡ ላዕለ ፡ ሕዝብ ፡ የሐስር ፡ ወይረኵስ ፡ ተኃፌሮ ፡ ወይጸንዕ ፡ በላዕሌሁ ፡ *71 v°. ቅንዓት ፡ ወጽልዕ ፡ እምኅበ ፡ *ኵሎሙ ፡ ሰብእ ።

**ክፍል ፡ ፴፪ ።** ኢትፍቅድ ፡ ትሠየም ፡ ላዕለ ፡ ሰብእ ፡ እስመ ፡ ሥራሕ ፡ እኩይ ፡ ሢመት ፡ ወኵነኔ ፡ ጽኑዕ ፡ ይረክበሙ ፡ ለእለ ፡ ተሠይሙ ። ወለእመ ፡ ተሠየምከ ፡ ላዕለ ፡ ሰብእ ፡ ኢታክብድ ፡ እዴከ ፡ በላዕሌሆሙ ፡ ወኢትትዓገሎሙ ፡ በኃይልከ ፡ አላ ፡ ኩን ፡ ራትዓ ፡ ምስለ ፡ ኵሉ ፡ ምስለ ፡ ዓቢይ ፡ ወምስለ ፡ ንኡስ ፡ ምስለ ፡ ባዕል ፡ ወምስለ ፡ ምስኪን ፡ ወኢትፍራህ ፡ ገጸ ፡ ሰብእ ፡ ወፍታሕ ፡ ለኵሉ ፡ በጽድቅ ፡ እንበለ ፡ አድልዎ ። ወኢትቅንዮሙ ፡ በቅኔ ፡ መሪር ፡ ወግብርና ፡ ዳዕሙ ፡ መግበሙ ፡ ከመ ፡ ውሉድከ ፡ ወእሙንቱሂ ፡ ያፈቅሩከ ፡ ሀየንተ ፡ ይፍርሁከ ፡ ወትረክብ ፡ ሰላመ ፡ ማእከሌሆሙ ፡ ወበረከተ ፡ እምኅበ ፡ እግዚአብሔር ። ወእመሰ ፡ ተዓገልከሙ ፡ ለእለ ፡ ሀለዉ ፡ ታሕተ ፡ እዴከ ፡ ፍራህ ፡ እስመ ፡ ይረግሙከ ፡ በልበሙ ፡ ወይከልሑ ፡ ኅበ ፡ እግዚአብሔር ።

ወእግዚአብሔር ፡ ይሰምዕ ፡ ፍጡነ ፡ አውያቶሙ ፡ ለነዳያን ። ወናሁ ፡ አስተዳለወ ፡ ለከ ፡ ኵነኔ ፡ ጽኑዓ ፡ ዘይረከበከ ፡ በጊዜ ፡ ሥሩዕ ፡ ወኢትክል ፡ ታግሕሦ ፡ እምኔከ ፡ በብዙኀ ፡ ንስሐከ ፡ ወአሜሃ ፡ ተኀሥሥ ፡ ወተኀጥእ ፡ ዘይረድአከ ፡ ወተዓወዩ ፡ ኀበ ፡ እግዚአብሔር ፡ *ወኢይሰምዓከ [*72 r°.] ። ኢትበል ፡ ለግሙራ ፡ እትፌሣሕ ፡ ዮም ፡ ፈጺምየ ፡ ኵሎ ፡ ፈቃድየ ፡ ወድኅረሰ ፡ ይምጽአኒ ፡ ዘሀሎ ፡ ይመጽእ ፡ እስመ ፡ ይበጽሐከ ፡ ዕለተ ፡ ኵነኔ ፡ ዘይመርር ፡ እሞት ፡ ወትኔስሕ ፡ በከንቱ ፡ ወትብል ፡ እንበለ ፡ በቍዔት ፡ በከመ ፡ እንጥያኮስ ፡ ንጉሥ ፡ ዓማፂ ፡ ዘገብረ ፡ እኩየ ፡ በትዕቢተ ፡ ልቡ ፡ ወእግዚአብሔር ፡ ቀሠፎ ፡ ዓቢየ ፡ መቅሠፍተ ፡ ወሐመ ፡ ዓፂዮ ፡ ሥጋሁ ፡ ከመ ፡ በድን ፡ ርኩስ ፡ ወአልጸቀ ፡ ለሞት ፡ ወይቤ ፡ ይእዜ ፡ ተዘከርኩ ፡ እኩያተ ፡ ኵሎ ፡ ዘገበርኩ ፡ ላዕለ ፡ ውሉደ ፡ እስራኤል ፡ ወሞተ ፡ በምረረ ፡ ሕማሙ ፡ ወኀዘኑ ። እስመ ፡ ኵነኔ ፡ እግዚአብሔር ፡ ይዴግኖ ፡ እንበለ ፡ ዕረፍት ፡ ወአንተ ፡ ፍራህ ፡ ለእመ ፡ ገበርከ ፡ እኩየ ፡ ዲበ ፡ ካልአኒከ ፡ እስመ ፡ ይፈድየከ ፡ እግዚአብሔር ፡ ፈድፋደ ፡ ወኵሎ ፡ ጸረ ፡ ክቡደ ፡ ዘአጸርኮሙ ፡ ለብዙኃን ፡ ትጸውር ፡ አንተ ፡ ባሕቲትከ ፡ ንቡረ ፡ ወይከብድ ፡ ጥቀ ፡ ወኢትክል ፡ ገዲፎቶ ፡ እምዘባንከ ።

**ክፍል ፡ ፴፫ ።** ወበከመ ፡ ኢይትኃደግ ፡ በኀበ ፡ እግዚአብሔር ፡ እኩይ ፡ እንበለ ፡ ይትዓረይ ፡ ምስለ ፡ ኵነኔ ፡ ከማሁ ፡ ኢይትኃደ*ግ [*72 v°.] ፡ ሠናይ ፡ ግብር ፡ ዘኢይትዔረይ ፡ ምስለ ፡ ዕሤቱ ። ወበእንተዝ ፡ ግበር ፡ ሠናየ ፡ ለኵሉ ፡ ወኢትድክም ፡ እስመ ፡ እግዚአብሔር ፡ ይትዌከፍ ፡ ኵሎ ፡ ግብረከ ፡ ሠናየ ፡ ወይኄልቆ ፡ ወይሰፍሮ ፡ ወይዘግቦ ፡ ለከ ፡ በኀቤሁ ፡ ከመ ፡ ይፍዲከ ፡ በጊዜ ፡ ሥሩዕ ። ወአንተሰ ፡ ትረሥዕ ፡ ዘገበርከ ፡ ሠናየ ፡ ወእግዚአብሔር ፡ ኢይረስዖ ፡ ለዓለም ። ወበእንተዝ ፡ ኢትትሀከይ ፡ ለገቢረ ፡ ሠናይ ፡ ለኵሉ ፡ አምጣነ ፡ ክሂሎትከ ። ወሰበ ፡ ርኢከ ፡ ትኩዛነ ፡ ናዝዞሙ ፡ ወሰበ ፡ ርኢከ ፡ ርኁባነ ፡ አብልዖሙ ፡ ወሰበ ፡ ርኢከ ፡ ዕሩቃነ ፡ አልብሶሙ ፡ ወኩኖሙ ፡ ረድኤተ ፡ ለኵሎሙ ፡ በከመ ፡ መፍቅዳቲሆሙ ፡ ለለ፩፩ ወአሥርቅ ፡ ውስተ ፡ ልበሙ ፡ ትፍሥሕተ ፡ ወሐሤተ ፡ ወለእመኒ ፡ መጠነ ፡ አሐቲ ፡ ሰዓት ፡ ወናዝዞሙ ፡ ለሕሙማን ፡ ወለ[ን]ዱያን ፡ ሐውጾሙ ፡ በበሕቁ ፡ ወአቅልል ፡ ሎሙ ፡ ሕማሞሙ ፡ ወኩን ፡ ሕሙመ ፡ ምስሌሆሙ ፡ ፈውሶሙ ፡ ወርድአሙ ፡ በኵሉ ፡ ክሂሎትከ ፡ ከመ ፡ ትርከብ ፡ ረድኤተ ፡ ወናዝዞተ ፡ አመ ፡ ደዌከ ፡ ወሕማምከ ።

**ክፍል ፡ ፴፬ ።** ወአንተሰ ፡ ሰበ ፡ ደወ*ይከ [*73 r°.] ፡ ኩን ፡ ተዓጋሤ ፡ በጽንዓ ፡ ሕማምከ ፡ ወኢታንቀልቅል ፤ ተአመን ፡ በእግዚአብሔር ፡ ዘይኤጽር ፡ ወይኄልቍ ፡ ኵሎ ፡ ፃዕረ ፡ ሕማምከ ፡ ከመ ፡ ይፍዲከ ፡ ሠናየ ፡

እምጣነ ፡ ትዕግሥትከ ። ወለእመ ፡ ኢይፈድየከ ፡ ውስተ ፡ ዝንቱ ፡ ዓለም ፡
የዓሥየከ ፡ እምድኅረ ፡ ሞትከ ፡ እመ ፡ ተሐውር ፡ ኀቤሁ ። ወኢትፍ
ራሀ ፡ ኅዲገ ፡ ዛቲ ፡ ሕይወት ፡ እስመ ፡ ሞት ፡ ግዕዛን ፡ ውእቱ ፡ ወሶበ ፡
ሠምረ ፡ እግዚአብሔር ፡ ይፍታሕከ ፡ እምዝንቱ ፡ ቤተ ፡ ሞቅሕ ፡ ከመ ፡
ትሖር ፡ ኀቤሁ ፡ አእዝቶ ፡ እስመ ፡ ይኄይሰከ ፡ ትኩን ፡ ግዑዘ ፡ እም
ዛቲ ፡ ግብርና ፡ ሙስንት ፡ ወትሥርር ፡ በሊሐ ፡ ወብሩሃ ፡ ከመ ፡ መል
አክ ፡ ውስተ ፡ ሕፅነ ፡ ፈጣሪከ ፡ ወበሀየ ፡ ተአምር ፡ ወትሌቡ ፡ ኵሎ ፡
ምሥጢራቲሁ ፡ ዓለም ፡ ወስነ ፡ ሥርዓቶሙ ፡ ለሰማያት ፡ ወምድር ፡ ወ
ተሐዩ ፡ ምሉዓ ፡ ሕይወተ ። ወአልቦ ፡ ፃማ ፡ ወሕማም ፡ ወትትፌሣሕ ፡
ትፍሥሕተ ፡ ፍጽምተ ፡ ወትረክብ ፡ ብጽዓነ ፡ እንበለ ፡ አንትጎ ፡ ወሕ
ፀት ። ኢታፍቅር ፡ ምስኪናተ ፡ ዝንቱ ፡ ዓለም ፡ ኀበ ፡ ይደልወከ ፡ ትን
*73 v°. በር ፡ እስከ ፡ አመ ፡ *ይትፌጸም ፡ ቅኔከ ፡ ወፈቲኖትከ ፡ እስመ ፡ ኢተበ
ውሐ ፡ ለከ ፡ ትኅድጎ ፡ በፈቃድከ ፡ እንበለ ፡ በፈቃደ ፡ ፈጣሪከ ፡ ዘአቀ
ነየከ ፡ በዝንቱ ፡ ቅኔ ። ወሶበሰ ፡ በጽሐ ፡ ጊዜ ፡ ግዕዛንከ ፤ ወሠምረ ፡
እግዚአብሔር ፡ ይፍታሕከ ፡ እሞቅሕከ ፡ ስግድ ፡ ሎቱ ፡ ወአእዝቶ ፡ ወ
ሑር ፡ ኀቤሁ ፡ በፍሥሐ ፡ ወበተስፋ ። እስመ ፡ ናሁ ፡ የዓሥየከ ፡ ሕይ
ወተ ፡ ዘየዓቢ ፡ እምኵሉ ፡ ሕይወቱዝ ፡ ዓለም ። ወባሕቱ ፡ ሰአል ፡ ኀ
ቤሁ ፡ ከመ ፡ የሀብከ ፡ ሞተ ፡ ኄሩአ ፡ ወያፍልስከ ፡ እምዝንቱ ፡ ዓለም ፡
በሰላም ፡ ወበተአምኖ ፡ በቱ ፡ ወኢትፍራሀ ፡ ወኢምንተኒ ፡ በዘይፈርሁ ፡
እኩያን ፡ እለ ፡ ዓለዉ ፡ ሐዊረ ፡ በፍና ፡ አንተ ፡ መርሆሙ ፡ ፈጣሬ ፡
ውስተ ፡ ዝንቱ ፡ ዓለም ፡ ወዓበዩ ፡ ይትቀነዩ ፡ በቅኔ ፡ ሥሩዕ ፡ ለኵሉ ፡
ሰብእ ፡ ወኢለበዉ ፡ ውስተ ፡ ግብረ ፡ እግዚአብሔር ፡ ወኢየዓቅቡ ፡
ሕገ ፡ ጠባይዓዊ ፡ ዘመሐሮሙ ፡ ልቡናሆሙ ። አንተሰ ፡ ኦእኁየ ፡ ዘተ
ወከፍከ ፡ ምክርየ ፡ ወሠመርከ ፡ በቱ ፡ ኢትፍራሀ ፡ በሰዓተ ፡ ሞትከ ፤
እስመ ፡ ይኄይሰከ ፡ ትሖር ፡ ኀበ ፡ ፈጣሪከ ። ኦዘአእመርከ ፡ ከመ ፡ ነፍ
*74 r°. ስ ፡ ኢመዋቲት ፡ ትኄይስ ፡ እምሥጋ ፡ *መዋቲ ፡ ለምንት ፡ ትፈርሀ ፡
ሞተ ፡ አኮኑ ፡ ይኄይስ ፡ ግዕዛን ፡ እምግብርና ፡ ወፍሥሐ ፡ ኢይኄይሰ
ከኑ ፡ እምኀዘን ፡ ወኢይሜኒኑ ፡ ሕይወት ፡ እሞት ፡ ወከማሁ ፡ ይኄይሳ ፡
ለነፍስከ ፡ ከዊና ፡ ፍትሕተ ፡ እሞቅሐ ፡ ሥጋሃ ፡ እምከዊና ፡ ተሞቂሐ ።
ወበከመ ፡ ብእሲ ፡ ወጺአ ፡ እምቤተ ፡ ሞቅሕ ፡ ይሬኢ ፡ ብርሃነ ፡ ፀሐ
ይ ፡ ዘያስተፌሥሖ ፡ ወይመውቆ ፡ ከማሁ ፡ ነፍስነ ፡ ወጺአ ፡ እምሥጋነ ፡
ትሬኢ ፡ ብርሃነ ፡ እግዚአብሔር ፡ ወትትፌሣሕ ፡ ወታንበለብል ፡ በፍ
ቅረ ፡ ፈጣሪሃ ፡ ወነጺራ ፡ ድኅሬሃ ፡ ትሬኢ[1] ፡ ሙስናሁ ፡ ለዝንቱ ፡
ዓለም ፡ ወታነክር ፡ እንዘ ፡ ትብል ፡ እፎ ፡ ተከህለኒ ፡ አፍቅሮተ ፡ ዝንቱ ፡

[1] Vox addita supra lineam.

ግብርና ፡ ሕሡር ፡ ወእፎ ፡ ፈራህኩ ፡ ሞተ ፡ ዘአግዓዘኒ ፡ ወአብጽሐኒ ፡ ኀበ ፡ ዝንቱ ፡ ብፅዓን ፡ ዘለዓለመ ፡ ዓለም ፡ አሜን ።

**ክፍል ፡ ፴፫** ። ናሁ ፡ ጸሐፍኩ ፡ ዘንተ ፡ ንስቲተ ፡ በረድኤተ ፡ እግዚአብሔር ። ኦእኍየ ፡ ዘታነብብ ፡ ዛተ ፡ መጽሐፍየ ፡ ለእመ ፡ ብከ ፡ ጥበብ ፡ ጸሐፍ ፡ ወአንተኒ ፡ ዘአለበወከ ፡ እግዚአብሔር ። ወኢትኩን ፡ ከመ ፡ ማኅቶት ፡ እንተ ፡ አንበርዋ ፡ ታሕተ ፡ ከፊር ፡ አላ ፡ አውጽኦ ፡ ለብርሃነ ፡ ጥበብከ ፡ *ለአእምሮ ፡ ወለተግሣጽ ፡ ውሉደ ፡ ብሔርነ ፡ ከመ ፡ [*74 v°.] ይፈድፍድ ፡ ጥበብ ፡ ወይኅልቅ ፡ ኃጥእ ፡ ወኢያእምሮ ፡ ገቢረ ፡ ጽድቅ ፡ በዲበ ፡ ምድርነ ። እስመ ፡ ልዑል ፡ መዝራዕተ ፡ ፈጣሪነ ፡ ኢያእመሩ ፡ እመሰ ፡ አእመሩ ፡ እምተኃፍሩ ፡ በተሊወ ፡ ከንቱ ፡ እስመ ፡ በመዋዕሊነ ፡ ቅንዓት ፡ አኀዘሙ ፡ ለሕዝብነ ፡ አብዳን ፡ ወተቃተሉ ፡ በእንተ ፡ ሥርዓታተ ፡ ሃይማኖቶሙ ፡ ወኢያእመሩ ፡ ሥርዓተ ፡ ፈጣሪሆሙ ። ወንሕነሰ ፡ እግዚኦ ፡ ዘእንበሌከ ፡ ባዕደ ፡ ኢነአምር ፤ ወንጼውዕ ፡ ስመከ ፡ ባሕቲቶ ፡ ወኢኀደግነ ፡ ትምህርተከ ፡ በእንተ ፡ ትምህርታተ ፡ ሰብእ ፡ እስመ ፡ ብርሃን ፡ ትእዛዝከ ፡ በዲበ ፡ ምድር ። ወአንተሰ ፡ ሰላመ ፡ ሀበነ ፡ እስመ ፡ ኵሎ ፡ ወሀብከነ ፡ ወአሕይወነ ፡ በጠለ ፡ በረከትከ ፡ ወአድኅነነ ፡ ናምልከ ፡ በጽድቅ ፡ ወበርትዕ ፡ እስመ ፡ ለከ ፡ ይደሉ ፡ ስብሐት ፡ ወክብር ፡ ይእዜኒ ፡ ወዘልፈኒ ፡ ወለዓለመ ፡ ዓለም ፡ አሜን ።

⌈ተፈጸመ ፡ ዝንቱ ፡ መጽሐፍ [1] ።

[1] Voces secunda manu additae.

## EMENDANDA.

P. 34, l. 22 : addas ይብለኒ ፡ እመኑ ፡ በሃይማኖተ ፡ ሙሴ ። ወራብዕ ፡ post vocem ወሣልስ ፡

P. 41, l. 4 : addas አስብ ፡ ለዘኢይትቀነይ ፡ ወኢይደልዎ ፡ post vocem ኢይዳልዎ ፡

P. 46, l. 26 : addas በአፉሆሙ ፡ ወኢይኄዝኑ ፡ በልበሙ ፡ post vocem ኢይርግሙከ ፡

P. 49, l. 3 : addas እስመ ፡ ዝነገር ፡ እምእኩይ ፡ post vocem እፃሙ ፡

P. 52, l. 31 : addas ተገኃሥ ፡ እምዝሙት ፡ ዘኢይበቍዕ ። post vocem ምታ ።

ORIENTALISTE, P.B. 41, B-3000 Leuven